D0934830

Giovanni Falcone

in collaborazione con
MARCELLE PADOVANI

Cose
di Cosa Nostra

Rizzoli

Prima edizione: novembre 1991

Seconda edizione: maggio 1992

Terza edizione: giugno 1992

Quarta edizione: giugno 1992

Quinta edizione: giugno 1992

Sesta edizione: giugno 1992

Questo volume è stato curato redazionalmente da Orsola Fenghi

Cose di Cosa Nostra

«'A megghiu parola è chidda ca 'un si dici.»

Antico proverbio siciliano

«L'intera Sicilia è una dimensione fantastica. Come si fa a viverci senza immaginazione?»

Leonardo Sciascia

Prologo

Il metodo Falcone

« Nemico numero 1 della mafia »: l'etichetta gli resterà attaccata per sempre. Circondato da un alone leggendario di combattente senza macchia e senza paura, il giudice Giovanni Falcone, cinquantadue anni, ne ha trascorsi undici nell'ufficio bunker del Palazzo di Giustizia di Palermo a far la guerra a Cosa Nostra. Queste pagine ne costituiscono la testimonianza. Non si tratta né di un testamento né di un tentativo di tenere la lezione e ancor meno di atteggiarsi a eroe. « Non sono Robin Hood, » commenta in tono scherzoso « né un kamikaze e tantomeno un trappista. Sono semplicemente un servitore dello Stato in *terra infidelium*. » Si tratta dunque piuttosto di un momento di riflessione, del tentativo di fare un bilancio nell'intervallo tra vecchi e nuovi incarichi: il 13 marzo 1991 il giudice Giovanni Falcone è stato nominato direttore degli Affari penali del ministero di Grazia e Giustizia a Roma. Lontano da Palermo.

La partenza dal capoluogo siciliano, il distacco da una vita che si alternava tra auto blindate, dall'atmosfera soffocante del Palazzo di Giustizia, dalle lunghe notti a leggere e rileggere le deposizioni dei pentiti dietro le pesanti tende di una stanza superprotetta, dai tragitti tortuosi con la scorta delle auto della polizia a sirene spiegate sono forse stati una specie di sollievo. Ma Falcone non si fa illusioni, non dimentica il mancato attentato del 21 giugno 1989 — cinquanta candelotti di tritolo nascosti tra gli scogli a venti metri dalla casa dove trascorre le vacanze: «È vero, non mi hanno ancora fatto fuori... Ma il mio conto con Cosa Nostra resta aperto. Lo salderò solo con la mia morte, naturale o meno». Tommaso Buscetta, il superpentito della mafia, lo aveva messo in guardia fin dall'inizio delle sue confessioni: «Prima cercheranno di uccidere me, ma poi verrà il suo turno. Fino a quando ci riusciranno!».

Roma è soltanto in apparenza una sede più tranquilla di Palermo; ormai da tempo i grandi boss mafiosi l'hanno eletta a loro domicilio. La feroce «famiglia» palermitana di Santa Maria di Gesù vi ha installato antenne potenti. Senza contare la rete creata dal cosiddetto «cassiere» Pippo Calò, con il suo contorno di mafiosi, gangster e uomini politici.

Le ragioni per le quali Falcone ha scelto Roma come nuova sede di lavoro sono diverse: nella capitale di Cosa Nostra non poteva più disporre dei mezzi necessari alle sue inchieste e il frazionamento delle istruttorie aveva paralizzato i giudici del pool antimafia. Era diventato il simbolo o l'alibi di una battaglia disorganizzata. Conscio di non essere più in grado di inventare nuove strategie, l'uomo del maxiprocesso, che aveva trascinato in tribunale i grandi capimafia, non poteva rassegnarsi a rimanere inerte. Ha scelto di andarsene. Le informazioni da lui raccolte possono essere utilizzate con profitto anche lontano da Palermo. Certo, non dovrà più svolgere personalmente le indagini, dovrà invece creare condizioni tali per cui le indagini future possano essere portate a termine più rapidamente e in modo più incisivo, dando vita a stabili strutture di coordinamento tra i diversi magistrati.

Il clima nel capoluogo siciliano è cambiato: è spenta l'euforia degli anni 1984-87, finita la fioritura dei pentiti, lontano il tempo del pool antimafia, dei processi contro la Cupola istruiti magistralmente. In questa città impenetrabile e misteriosa, dove il bene e il male si esprimono in modo ugualmente eccessivo, si respira un senso di stanchezza, il desiderio di ritornare alla normalità. Mafiosi regolarmente condannati sono tornati in libertà per questioni procedurali, alcune facce fin troppo note ricompaiono nei ristoranti più alla moda. Le forze dell'ordine non hanno più lo smalto di un tempo. I pool di magistrati sono ormai svuotati di potere, il fronte ha smobilitato.

Cosa Nostra dal canto suo ha rinunciato all'apparente immobilità. La *pax mafiosa* seguita alle pesanti condanne del maxiprocesso, da un lato, e al dominio dittatoriale dei «Corleonesi» sull'organizzazione, dall'altro, non è più salda come prima. Si moltiplicano i segnali di un progetto di rivincita delle «famiglie» palermitane per riconquistare l'egemonia perduta nel 1982 a favore della «famiglia» di Corleone, i cui capi, latitanti, si chiamano Salvatore Riina, Bernardo Provenzano e Luciano Leggio, quest'ultimo in carcere. La mafia sta attraversando una fase critica: deve riacquistare credibilità interna e rifarsi una immagine di facciata, in quanto entrambe gravemente compromesse.

«Abbiamo poco tempo per sfruttare le conoscenze acquisite,» ripete instancabilmente Falcone «poco tempo per riprendere il lavoro di gruppo e riaffermare la nostra professionalità. Dopodiché, tutto sarà dimenticato, di nuovo scenderà la nebbia. Perché le informazioni invecchiano e i metodi di lotta devono essere continuamente aggiornati.»

L'ho incontrato per la prima volta nel 1984 al tribunale di Palermo, dietro le sue porte blindate, protetto da un sistema di sorveglianza elettronico in funzione ventiquattro ore su ventiquattro. Rimasi colpita dalla chiarezza delle sue idee, dal livello delle informazioni in suo possesso, dalla sincerità del suo impegno antimafia. E da una specie di riserbo metodico: la consapevolezza di dover stare perennemente in guardia?

La sua enorme capacità di lavoro e la sua abnegazione erano oggetto di ammirazione, a volte non disgiunta da una certa beffarda ironia. Per undici anni, comunque, è vissuto nell'atmosfera artificiale delle corti di giustizia, delle carceri, degli uffici superprotetti. Non usciva mai, vedeva il sole soltanto attraverso i finestrini blindati della sua Alfa Romeo. Davanti alla sua abitazione due poliziotti montavano la guardia giorno e notte. Alcuni inquilini avevano suggerito in una lettera al «Giornale di Sicilia» di riunire tutti i magistrati che costituivano un rischio per la sicurezza degli altri in una specie di fortino, magari una prigione...

Ho rivisto Falcone regolarmente per il «Nouvel Observateur», per un libro[1] e per un film[2] che abbiamo girato con il regista Claude Goretta nel 1987, alla conclusione del maxiprocesso. L'équipe televisiva l'aveva soprannominato Johnny e durante i due mesi

[1] *Les Dernières Années de la Mafia*, Folio Gallimard, 1987.
[2] *Les ennemis de la mafia*, Canal plus, 1987.

delle riprese aveva condiviso le misure di sicurezza applicate dai poliziotti incaricati di proteggerlo: il suo nome non veniva mai pronunciato nella hall di un albergo o in un ristorante, per non fornire al «nemico» informazioni involontarie sulla sua persona e i suoi spostamenti. Ma, ciononostante, egli costituiva il nostro principale argomento di conversazione. Quando, alla fine, Johnny ci concesse un'intervista di quaranta minuti, scoprimmo un uomo diverso, allegro, pieno di humour e di gioia di vivere, che le difficoltà della vita non avevano reso né inquieto né angosciato. Un siciliano illuminista, da «Secolo dei lumi», così diverso dal secolo di follia in cui viviamo. Uomo estremamente schivo, che evitava come la peste gli argomenti personali nel corso della conversazione.

A poco a poco, ho imparato anch'io a esprimermi in una specie di linguaggio in codice, a interpretare le inflessioni di voce, a non chiedere e soprattutto a non dire mai troppo. Proprio come Falcone con i presunti mafiosi. O come i mafiosi tra loro, sempre sul chi vive nel loro quotidiano lavoro di decifrazione di segnali. È un'attività intellettuale appassionante, che dimostra la vacuità di lunghe digressioni e incoraggia a risparmiare parole: il verbo ha una tale carica di densità da corrispondere all'azione più plateale.

Siamo sicuri che Giovanni Falcone non voglia darci una lezione? Durante le venti interviste che costituiscono l'ossatura di questo libro, la solitudine di questo magistrato fuori del comune mi è apparsa ancora più evidente che non a Palermo. Ma la certezza della vittoria finale non l'ha mai abbandonato. L'opacità di un grosso ministero, le logiche della politica «politicante», il machiavellismo dei «palazzi» romani non l'hanno tuttora distolto dalla sua idea fissa: lo Stato ha i mezzi per sconfiggere la mafia.

Falcone costituisce ancora oggi un'anomalia nel panorama della magistratura italiana. È di famiglia borghese e conservatrice, residente nel centro di Palermo: padre funzionario alla provincia, madre molto religiosa che lo fa partecipare alla vita della chiesa. Da piccolo serve messa. Divenuto più grande, nutre una rispettosa nostalgia per la fede. Adolescente, si appassiona al canottaggio, prima di interrogarsi sul proprio avvenire: sarà medico o magistrato? In questo periodo si infiamma per uno scritto gonfio di retorica di Giuseppe Mazzini che più o meno recita: «La vita è missione ed il dovere è la sua legge suprema». Quando parla oggi del padre, Falcone ne sottolinea la grande austerità: «Si vantava di non aver mai messo piede in un bar in tutta la vita».

Accantonata la medicina, Falcone pensa a una carriera di ufficiale di Marina; fa domanda di iscrizione all'Accademia navale e, contemporaneamente, alla facoltà di giurisprudenza dell'Università di Palermo. Alla fine il diritto avrà la meglio e nel 1964 Falcone supera il concorso per entrare in magistratura. Ricorda i sentimenti che provava e che in certa misura rimangono ancora oggi gli stessi: «Appartengo a quella categoria di persone che ritiene che ogni azione debba essere portata a termine. Non mi sono mai chiesto se dovevo affrontare o no un certo problema, ma solo come affrontarlo».

Nutrito di princìpi spartani, non poteva accontentarsi del diritto civile, cui si dedicò nei primi anni della sua carriera. La sua vocazione era per quello penale. O meglio: per i processi contro la mafia. E come può essere altrimenti, in Sicilia, per chi è coerente con se stesso? I giornalisti di passaggio a Palermo hanno più volte cercato di scoprire come viveva, qual era l'intensità della sua paura quotidiana, se la vicinanza del pericolo gli procurava angoscia. Falcone ha sempre risposto con serenità: «Il pensiero della morte mi accompagna ovunque. Ma, come dice Montaigne, diventa presto una seconda natura. Certo, si sta sul chi vive, si calcola, si osserva, ci si organizza, si evitano le abitudini ripetitive, si sta lontano dagli assembramenti e da qualsiasi situazione che non possa essere tenuta sotto controllo. Ma si acquista anche una buona dose di fatalismo; in fondo si muore per tanti motivi, un incidente stradale, un aereo che esplode in volo, una overdose, il cancro e anche per nessuna ragione particolare».

L'ironia sulla morte fa parte del retaggio culturale siciliano. Leonardo Sciascia ne era maestro. Falcone da parte sua racconta con un certo divertito compiacimento le battute del tempo del maxiprocesso. «Mi viene a trovare a casa il collega Paolo Borsellino. "Giovanni," mi dice "devi darmi immediatamente la combinazione della cassaforte del tuo ufficio." "E perché?" "Sennò quando ti ammazzano come l'apriamo?".» E ancora sorride se ripensa agli umidi pomeriggi afosi trascorsi con i colleghi del pool antimafia a scrivere i propri necrologi truculenti da pubblicare sul «Giornale di Sicilia».

Falcone diventerà un magistrato da manuale, un servitore dello Stato che dà per scontato che lo Stato debba essere rispettato — non uno Stato ideale e immaginario, ma questo Stato, così com'è. Paradossalmente, cercando solo di applicare la legge, si è trasformato in un personaggio disturbante, un giudice che dà fastidio, un eroe scomodo. Dotato di una straordinaria capacità di lavoro e di una memoria da elefante, ha saputo sfruttare in modo intelligente la polizia, ha organizzato efficacemente la propria sicurezza personale. Si è circondato di persone qualificate. Si è dimostrato rigoroso all'estremo nell'esercizio del suo mestiere di inquirente: senza mai colpire obiettivi vaghi; senza mai imbarcarsi in alcuna iniziativa di cui non si fosse assicurato il successo; senza mai entrare in polemica personale con un presunto mafioso. Le operazioni «Pizza Connection», «Iron Tower» e «Pilgrim», condotte di concerto con gli inquirenti americani, e poi quel vero capolavoro che è stato il maxiprocesso del 1986, passeranno alla storia come esempio del «metodo Falcone».

Si può tentare di ricostruire i rapporti tra questo magistrato pragmatico, alieno da qualsiasi astrazione ideologica, attento a rispettare le norme, concreto e riservato, con uno dei boss mafiosi, o un pentito, sottoposto al suo martellante interrogatorio. Insolenti o vittimisti, chiusi in un ostinato silenzio o violentemente contestatori, Falcone oppone loro una calma e una sicurezza di sé incrollabili. Niente sguardi di intesa, niente rapporti basati sul tu, ma nemmeno insulti: devono rendersi conto di trovarsi di fronte allo Stato. «Durante l'interrogatorio di Michele Greco, capo di Cosa Nostra a Palermo, ogni tanto ci dicevamo a vicenda: "Mi guardi negli occhi!", perché entrambi sapevamo l'importanza di uno sguardo che si accompagna a un certo tipo di affermazione.»

Questo è l'asso nella manica di Falcone: siciliano, anzi — meglio — palermitano, ha trascorso tutta la vita immerso nella diffusa cultura mafiosa, come un altro siciliano qualsiasi e come un qualsiasi mafioso, e conosce perfettamente il lessico delle piccole cose, dei gesti e dei mezzi gesti che a volte sostituiscono le parole. Sa che ogni particolare nel mondo di Cosa Nostra ha un significato preciso, si riallaccia a un disegno logico, sa che nella nostra società dei consumi, in cui i valori tendono a scomparire, si potrebbe pensare che le rigide regole della mafia offrano una soluzione, una scappatoia non priva apparentemente di dignità, e ha di conseguenza imparato a rispettare i suoi interlocutori anche se sono criminali.

Talvolta ha scoperto in loro un'umanità insospettabile: «Che calore, che senso di amicizia quando ci siamo salutati con i pentiti Buscetta, Mannoia, Calderone». E lo stesso Calderone dichiara ai giornali: «Ho collaborato con Falcone perché è uomo d'onore». E, lasciata l'Italia per destinazione ignota nel tentativo di sfuggire all'immancabile vendetta di Cosa Nostra dopo le confessioni rilasciate alla magistratura, gli fa pervenire questa lettera straordinaria: «Signor giudice, non ho avuto il tempo di dirle addio. Desidero farlo ora. Spero che continuerà la sua lotta contro la mafia con lo spirito di sempre. Ho cercato di darle il mio modesto contributo, senza riserve e senza menzogne. Una volta ancora sono costretto a emigrare e non credo di tornare mai più in Italia. Penso di avere il diritto di rifarmi una vita e in Italia non è possibile. Con la massima stima, Antonino Calderone».

Giovanni Falcone è stato stregato dalla mafia? In realtà è stato l'unico magistrato che si sia occupato in modo continuo e con impegno assoluto di quel particolare problema noto come Cosa Nostra. È il solo in grado di comprendere e spiegare perché la mafia siciliana costituisca un mondo logico, razionale, funzionale e implacabile. Più logico, più razionale, più implacabile dello Stato. Ma Falcone spinge il paradosso ancora più in là: di fronte all'incapacità e alla mancanza di responsabilità del governo, si è dovuto erigere a difensore di certi mafiosi contro lo Stato, soprattutto dei pentiti, vittime di vendette trasversali. Cosa Nostra uccide ad essi padre, madre, parenti e amici per avere rotto il fronte del silenzio ed essi hanno dovuto aspettare una legge del 1991 per poter beneficiare di un programma di protezione ufficiale, per aver diritto a vivere. A Falcone, quindi, è toccato di trovarsi dall'altra parte della barricata, a fianco di mafiosi ed ex mafiosi contro la barbarie dello Stato.

Ecco la situazione di questo singolare magistrato: meglio di chiunque altro può combattere la mafia perché la conosce e la comprende. Ma è poi tanto strano che un fanatico dello Stato come lui sia affascinato da Cosa Nostra proprio per quello che rappresenta di razionalità statale?

La mafia sistema di potere, articolazione del potere, metafora del potere, patologia del potere. La mafia che si fa Stato dove lo Stato è tragicamente assente. La mafia sistema economico, da sempre implicata in attività illecite, fruttuose e che possono essere sfruttate metodicamente. La mafia organizzazione criminale che usa e abusa dei tradizionali valori siciliani. La mafia che, in un mondo dove il concetto di cittadinanza tende a diluirsi mentre la logica dell'appartenenza tende, lei, a rafforzarsi; dove il cittadino, con i suoi diritti e i suoi doveri, cede il passo al clan, alla clientela, la mafia, dunque, si presenta come una organizzazione dal futuro assicurato.

Il contenuto politico delle sue azioni ne fa, senza

alcun dubbio, una soluzione alternativa al sistema democratico. Ma quanti sono coloro che oggi si rendono conto del pericolo che essa rappresenta per la democrazia?

Avvertenza

Le venti interviste che ho fatto al giudice Falcone tra il marzo e il giugno 1991 sono articolate in sei capitoli, disposti come altrettanti cerchi concentrici attorno al cuore del problema-mafia: lo Stato.

Il primo cerchio tratta della violenza, la manifestazione più tangibile di Cosa Nostra. Il secondo dei messaggi e messaggeri dell'organizzazione. Il terzo degli innumerevoli intrecci tra vita siciliana e mafia. Il quarto dell'organizzazione in quanto tale. Il quinto della sua ragion d'essere: il profitto. Il sesto è consacrato alla sua essenza: il potere. Mi è sembrato, attraverso questo approccio graduale dal percettibile al nascosto, di trasmettere il senso essenziale dei miei colloqui con Falcone. Ho tentato tuttavia di porre l'accento sulla testimonianza diretta di uno degli eroi dell'antimafia. Questo libro non pretende di costituire la sintesi di tutto quanto si sa della mafia, né di tutto quanto Falcone sa della mafia, ma soltanto di «un certo numero di cose» che egli ha raccolto su quella cosa incredibile chiamata Cosa Nostra.

Marcelle Padovani

I

Violenze

Cosa Nostra ha a sua disposizione un arsenale completo di strumenti di morte. Per il fallito attentato del 21 giugno 1989 alla villa che avevo affittato all'Addaura, vicino a Palermo, erano stati piazzati tra gli scogli cinquanta candelotti di esplosivo.

La lupara ormai sta passando di moda. Il famoso fucile a canne mozze, che una volta firmava i delitti mafiosi, quest'arma artigianale di inconfondibile carattere contadino, è sempre meno adatta alle esigenze della mafia moderna. Oggi si preferiscono generalmente le armi a canna corta, la calibro 38 e la 357 Magnum a proiettili dirompenti. Per gli attentati più difficili e complessi vanno bene le armi a canna lunga di fabbricazione straniera, i Kalashnikov, i bazooka, i fucili lanciagranate. Per non parlare degli esplosivi, utilizzati non solo a casa mia, ma anche, nel 1983, per l'assassinio del giudice Rocco Chinnici, spazzato via dallo scoppio telecomandato di un'auto imbottita di tritolo.

Cosa Nostra segue l'evoluzione dei tempi anche nelle tecniche di uccisione. Si serve di armi sempre più sofisticate: a riprova del pericoloso livello di aggressività che ha raggiunto.

L'esame delle armi può fornire informazioni preziose. Dalle indagini sull'eliminazione di due boss mafiosi — Stefano Bontate, ucciso a colpi di lupara e di Kalashnikov, e Salvatore Inzerillo, con un Kalashnikov —; da un attentato, sempre con Kalashnikov, contro Salvatore Contorno; poi da due assassinii successivi, quello del mafioso catanese Alfio Ferlito, seguito da quello del prefetto di Palermo, Carlo Alberto Dalla Chiesa, sempre con Kalashnikov, siamo giunti alla conclusione che un unico mitragliatore, sempre lo stesso, era stato l'arma dei cinque delitti; che per gli ultimi due episodi criminali si erano serviti anche di una seconda arma a riprova che c'erano due schieramenti che si affrontavano in questa nuova guerra di mafia e che i vincenti avevano assassinato anche Dalla Chiesa.

È chiara l'importanza di una scoperta del genere per le nostre indagini, per il processo, per la comprensione di quel che succedeva in quel momento all'interno della mafia dove l'omertà — la legge del silenzio — continua ad essere la regola. Era la conferma dell'unità di Cosa Nostra.

Le armi impiegate rivelano numerosi segreti sull'organizzazione mafiosa, i traffici illeciti, i legami internazionali. Ma la mafia, oltre alle armi da fuoco, si serve di altri mezzi, per esempio del veleno?

Durante la «grande guerra»[1] del 1981-83, sparisce all'improvviso Rosario Riccobono, un mafioso importante, appartenente alla «famiglia» di Partanna Mondello. Era il novembre 1982. L'uomo trascina con sé nella tomba una ventina di persone, il suo stato maggiore o — se si preferisce — la sua corte. Nel giro di Cosa Nostra lo chiamavano «il terrorista», in quanto

[1] Si tratta del secondo grande conflitto generalizzato all'interno di Cosa Nostra tra due fazioni rivali, una facente capo ai Corleonesi, l'altra al palermitano Stefano Bontate. La prima guerra ebbe luogo nel 1962-63.

veniva ritenuto capace delle atrocità più efferate. Dunque scompare e la polizia appare interdetta: questi venti mafiosi — si dice — sono stati avvelenati tutti insieme durante un banchetto e potrebbe anche essere stato Tommaso Buscetta a farli cadere nell'agguato.

La leggenda del banchetto avvelenato continua e nel 1984, quando incontro Tommaso Buscetta, il superpentito secondo la terminologia corrente, gli chiedo: «Cos'è questa storia dei venti scomparsi che lei avrebbe avvelenato?». Buscetta sorride divertito: «Ma lei crede davvero che i mafiosi siano così ingenui? Crede davvero che un boss come Riccobono si porti dietro a un incontro tutto il suo stato maggiore?». In effetti era del tutto inverosimile. La tradizionale diffidenza degli appartenenti a Cosa Nostra è ben nota e la guerra di mafia non permetteva leggerezze. Poco dopo infatti si è capito che Riccobono e i suoi uomini erano stati eliminati uno dopo l'altro, ma quasi simultaneamente, dai «Corleonesi» e dai loro alleati per dare un colpo definitivo all'organizzazione ed evitare, al tempo stesso, possibili reazioni da parte dei sopravvissuti. Uno solo riesce a cavarsela, uno dei fratelli Micalizzi: Michele, scampato all'attentato del Bar Singapore 2. Tre uomini ci hanno lasciato la pelle, ma Michele è riuscito a scappare e, per quanto ne so io, è ancora vivo e fa parte degli «scappati», coloro che sono sfuggiti alla vendetta dei vincitori[1].

Tutto questo per dire che i mafiosi non sono i Borgia e che, di solito, non usano il veleno come arma. Forse in carcere, e anche qui solo perché non hanno molti altri mezzi a disposizione.

[1] Le alleanze all'interno di Cosa Nostra, durante questa seconda guerra di mafia, hanno spezzato trasversalmente le famiglie mafiose. Non si tratta, come nella prima guerra, di una lotta tra famiglie rivali. I perdenti sono stati inseguiti e hanno cercato di fuggire.

Sempre a proposito di Riccobono, voglio sottolineare la perfidia dei «Corleonesi» e dei loro alleati che prima riescono a organizzare queste sparizioni simultanee e spettacolari e poi fanno in modo che tutto venga imputato a Tommaso Buscetta. I «Corleonesi»[1] hanno sempre avuto un particolare talento per gettare sui congiunti e sugli amici delle vittime la responsabilità della loro scomparsa. E così la polizia si lancia sulle tracce di Buscetta, amico di Badalamenti e di Inzerillo, e perciò di Riccobono...

In genere si ritiene che la mafia privilegi certe tecniche di omicidio rispetto ad altre. È un errore. La mafia sceglie sempre la via più breve e meno rischiosa. È questa la sua unica regola. Non ha alcuna preferenza di tipo feticistico per una tecnica o per un'altra.

Il metodo migliore resta la «lupara bianca», la scomparsa pura e semplice della vittima designata senza tracce del cadavere e neppure di sangue. È una realtà che lascia interdetti tutti coloro che hanno visto i film di mafia in cui i registi non risparmiano fiumi di sangue. Ma, lo ripeto, la mafia, se può, preferisce le operazioni discrete che non attirano l'attenzione. Ecco perché lo strangolamento si è affermato come la principale tecnica di omicidio in Cosa Nostra. Niente colpi di arma da fuoco, niente rumore. Nessuna ferita e quindi niente sangue. E, una volta strangolata, la vittima viene dissolta in un bidone di acido che si vuota in un pozzo, in un canale di scolo, in un qualsiasi scarico.

Il ragionamento dei mafiosi è logico e semplice: se

[1] I Corleonesi sono la famiglia che fa capo a Luciano Leggio, da tempo detenuto e sostituito nelle sue funzioni da Salvatore Riina e Bernardo Provenzano.

si attira qualcuno in un agguato, dandogli un appuntamento in un garage o in una casa di campagna o in un magazzino — e vincere le sue resistenze e i suoi sospetti non è cosa da poco — , perché rischiare di mettere in allarme i vicini adoperando una pistola? Molto meglio lo strangolamento: né rumore, né sporcizia, né tracce. Certo bisogna essere in tre o quattro per far bene il lavoro. Il pentito Francesco Marino Mannoia mi ha detto: «Si rende conto della forza necessaria per strangolare un uomo? Si rende conto che ci si può mettere anche dieci minuti e che la vittima si divincola, morde, tira calci? Alcuni riescono perfino a liberarsi dei lacci. Ma almeno sono omicidii da professionisti».

Tutte le tecniche, quindi, vanno bene, purché siano funzionali e non causino troppi problemi. Si è favoleggiato molto a proposito dell'incaprettamento, in cui polsi e caviglie vengono legati dietro la schiena, facendo passare al tempo stesso la corda intorno al collo della vittima in modo che tentando di divincolarsi si strangoli da sé. Si è ricamato molto su questa pratica, sostenendo che si tratta di un supplizio riservato agli infami. Ma il motivo dell'incaprettamento è in realtà molto più banale: si tratta di fare in modo che il cadavere così legato possa essere trasportato senza difficoltà nel portabagagli di un'auto. Un altro esempio del pragmatismo di Cosa Nostra...

Detto questo, non mancano i casi in cui il tipo di assassinio e le modalità dell'esecuzione ne indichino le ragioni e le motivazioni. Il cantante Pino Marchese viene ritrovato con i genitali in bocca. Secondo alcuni, si era macchiato di uno sgarro imperdonabile: aveva avuto un'avventura con la moglie di un uomo d'onore. Pietro Inzerillo, fratello di Salvatore, viene scoperto nel bagagliaio di una macchina a New York con una mazzetta di bigliettoni infilati in bocca e tra i genitali. Messaggio: «Ti sei voluto pappare troppi soldi ed ecco come ti ritrovi».

Ma questi discorsi valgono solo per gli appartenenti a Cosa Nostra, non per gli altri. La mafia non è né un organo di informazione né un'agenzia di stampa né un ente morale o religioso; vuole semplicemente fare arrivare il messaggio a chi di dovere, generalmente agli uomini d'onore.

Se ne deduce un altro principio: nell'organizzazione violenza e crudeltà non sono mai gratuite, rappresentano sempre l'*extrema ratio*, l'ultima via d'uscita quando tutte le altre forme di intimidazione sono inefficaci o quando la gravità di uno sgarro è tale da meritare soltanto la morte.

Mi chiedono spesso se un uomo d'onore può scegliere di non uccidere. La mia risposta è no. Il solo che mi abbia confessato di aver avuto dubbi prima di un omicidio è il pentito Vincenzo Sinagra; ma non era membro di Cosa Nostra, si accontentava di gravitare nella sua orbita.

Nessuno può permettersi di non eseguire un ordine della Commissione o del capo della famiglia[1]. Sì, secondo Buscetta, uno ce l'ha fatta a disobbedire, un grande capomafia, Antonino Salamone. Un gran furbacchione, Antonino. Sessantenne, era stato il rappresentante della famiglia di San Giuseppe Iato e capomandamento. Da tempo residente in Brasile, le sue funzioni in seno alla famiglia venivano svolte dal suo vice, Bernardo Brusca. Antonino Salamone era le-

---

[1] Il capo della famiglia o rappresentante è il capo dell'unità base dell'organizzazione mafiosa e controlla una frazione di territorio. Per gli affari che non rientrano nel territorio della famiglia, vi è una autorità superiore, il rappresentante provinciale, fatta eccezione per la provincia di Palermo, dove esiste un organismo collegiale: la Commissione.

gatissimo a Buscetta. Ed ecco: decisa l'eliminazione di Buscetta, che cosa fa Cosa Nostra? Si rivolge a Salamone, dato che non si è mai così ben serviti come dagli intimi della vittima designata.

Siamo nel gennaio 1982. Alcuni uomini d'onore telefonano a don Antonino a São Paulo per comunicargli, a nome della Commissione, l'ordine di eliminare Buscetta. Salamone ci pensa un attimo e fissa un appuntamento a Parigi, per discutere del problema, con Alfredo Bono, indicato quale uomo d'onore di primo piano da molti pentiti. Ma mentre Bono lo aspetta nella capitale francese, lui va in Calabria a trovare don Stilo, un prete processato per appartenenza alla 'ndrangheta (cfr. anche p. 172), e ad Africo si fa arrestare da un sottufficiale dei carabinieri al quale raccomanda: «Maresciallo, non dica che mi sono costituito, dica che mi ha arrestato. Ci farà una gran bella figura».

In Italia Salamone era ricercato per avere abbandonato il soggiorno obbligato, reato minore per il quale il Brasile non avrebbe mai concesso l'estradizione. Si reca quindi in Italia con la precisa intenzione di farsi arrestare e avere la scusa per non eseguire l'ordine di Cosa Nostra. E questo mentre un personaggio di primo piano lo aspetta a Parigi.

Buscetta, un individuo dal canto suo estremamente enigmatico, dice di Salamone: «È una sfinge. Nessuno riesce a capire quel che pensa. È troppo sottile». In ogni caso è uno dei pochissimi uomini d'onore che sia riuscito a sottrarsi a un ordine di Cosa Nostra senza lasciarci la pelle. Resta comunque il fatto che, una volta ottenuti gli arresti domiciliari dalla Corte di Assise, si è affrettato a prendere il largo, segno evidente che teme Cosa Nostra più della giustizia italiana.

C'è un altro esempio, sia pure di minor rilievo, di

disobbedienza agli ordini. Ne parla il pentito Antonino Calderone. Dopo l'assassinio di un certo Turi Coppola a Catania, gli uomini d'onore temono la reazione del fratello, Pippo, al momento detenuto. Si studia allora uno stratagemma per permettere al suo compagno di cella, Luigi D'Aquino, di eliminarlo per così dire «preventivamente», facendogli ingerire stricnina introdotta in carcere nascosta in un pacchetto di Marlboro. Ma D'Aquino non è convinto che questa operazione sia necessaria e mette in piedi una specie di marchingegno che gli permetta di sottrarsi agli ordini. Versa una piccola quantità di veleno in una bottiglia di Coca-Cola. Molti detenuti, tra cui Pippo Coppola e lo stesso D'Aquino, ne bevono il contenuto e accusano sintomi di avvelenamento. Ma non al punto di morirne.

D'Aquino aveva in una certa misura obbedito agli ordini di Cosa Nostra. Senza uccidere nessuno e pagando il prezzo della disobbedienza con una leggera intossicazione. Che cosa gli si poteva rimproverare?

Nel novantanove per cento dei casi, tuttavia, quando un uomo d'onore riceve l'ordine di uccidere, non ha altra scelta se non quella di obbedire. Se deve uccidere, uccide. Senza porsi domande e senza farne. Senza lasciare trapelare incertezze e soprattutto senza averne. Senza manifestare compassione. Chi tentenna di fronte alla necessità di uccidere è un uomo morto.

Dall'interno di una organizzazione come Cosa Nostra si giudicano le cose in maniera diversa che dall'esterno. Quello che ci fa orrore nei casi di morte violenta, come magistrati e come semplici cittadini — l'eliminazione di un uomo per mano del suo migliore amico, lo strangolamento di un fratello per mano del fratello — non produce le stesse reazioni negli uomini d'onore.

Il boss Pietro Marchese fu sgozzato in carcere come un animale dietro ordine del cognato, Filippo Marchese, ma per mano di cinque detenuti estranei alla famiglia. Ricordo che il pentito Salvatore Contorno, nel deplorare il fatto che Filippo Marchese non avesse eseguito personalmente la sentenza, pronunciò queste parole: «Nel mio sangue io solo posso mettere mano...». Strana interpretazione del concetto di onore quella che impone di non delegare a nessuno il compito di uccidere chi appartiene al proprio sangue!

Per gli uomini d'onore quel che conta è il coraggio dimostrato dall'omicida, la sua professionalità. Quanto più cruenta, spietata, crudele l'esecuzione appare ai nostri occhi di semplici cittadini, tanto più fiero potrà andarne l'uomo d'onore e tanto più sarà esaltato il suo valore all'interno dell'organizzazione. Cosa Nostra si fonda sulla regola dell'obbedienza. Chi sa obbedire, eseguendo gli ordini con il minimo di costi, ha la carriera assicurata.

E infatti è ormai prassi, soprattutto negli ultimi tempi, che i capi partecipino di persona alle azioni particolarmente pericolose o importanti: accresce il loro prestigio. All'assassinio del commissario Ninni Cassarà, il 6 agosto 1985, la Cupola prende parte in prima persona, pressoché al completo. Ma non per sadismo o crudeltà gratuita.

Giornali, libri, film si dilungano sulla crudeltà della mafia. Certamente esiste, ma non è mai fine a se stessa. Chi si macchia di atrocità gratuite suscita ribrezzo nell'organizzazione. Come Pino Greco, detto

Scarpazzedda[1], che — a quanto raccontano Buscetta e altri — taglia il braccio destro al giovane Inzerillo, sedici anni, per avere espresso l'intenzione di vendicare il padre e lo finisce poi con un colpo di rivoltella alla tempia.

Partecipare a un'azione violenta risponde generalmente a una logica rigorosa, quella che fa di Cosa Nostra l'organizzazione temibile che è. Sottolineo spesso questo concetto perché soltanto affrontando la mafia per quello che è — un'associazione criminale seria e perfettamente organizzata — saremo in grado di combatterla. Le rappresaglie più ripugnanti, quelle che sporcano le mani e appaiono al cittadino onesto inutilmente crudeli, non sono mai eseguite a cuor leggero, ma solo per senso del dovere. Per questo l'uomo d'onore non può permettersi il lusso di avanzare dubbi sulle modalità di un omicidio. O è in grado di eliminare la vittima designata con il massimo di efficienza e professionalità o non lo è. Punto e basta.

Ricordo un aneddoto che mi ha raccontato il pentito Antonino Calderone. Degno di un film americano a tinte forti. È il 1976: bisogna eliminare due del clan dei Cursoti di Catania, diventati troppo diffidenti e apprensivi, un certo Marietto e un tale detto lo « Scienziato ».

Marietto è al volante della sua auto, accanto gli siede Turi Palermo; dietro sono lo « Scienziato » e Salvatore Lanzafame. Durante il tragitto si parla di pistole e Marietto dichiara di volerne regalare una a Lanzafame. Quest'ultimo lo ringrazia, e gli fa notare che dovrebbe regalargliene una uguale a quella di Turi Palermo, e chiede di vederla. Ma una volta

[1] Soprannome datogli con riferimento al padre, che era soprannominato « Scarpazza ».

ricevuta l'arma, spara a Marietto e lo uccide sul colpo. Palermo afferra il volante, blocca l'auto sul bordo della strada, tira il cadavere sul sedile di destra e siede al posto di guida. Lo «Scienziato», sotto la minaccia della pistola di Lanzafame, non batte ciglio: se starà buono avrà salva la vita. Giungono al luogo dell'appuntamento con Calderone e con un altro uomo d'onore. Lo «Scienziato», sconvolto dall'assassinio del suo compare, chiede di essere lasciato libero di tornare a Catania in un luogo che lui conosce bene. Nessuno gli dà retta e le due auto — una con a bordo il cadavere di Marietto — si dirigono per una strada polverosa verso una casa colonica. È quasi notte. Mentre due degli uomini d'onore si occupano del morto, gli altri due afferrano brutalmente lo «Scienziato» e lo strangolano. I cadaveri vengono poi gettati nello stesso pozzo. Episodio terrificante che mette in luce l'abilità, la freddezza di calcolo, l'astuzia di cui bisogna essere dotati per avvicinare la vittima ed eseguire gli ordini.

Oltre a quello della crudeltà gratuita di Cosa Nostra, vorrei far piazza pulita di un altro luogo comune, molto diffuso e perfino esaltato da un certo tipo di letteratura. Si tratta dei cosiddetti rituali di uccisione. È opinione comune che esista una specie di gerarchia delle punizioni in base alla gravità delle mancanze commesse, e una classifica di violenze a seconda del livello di pericolo che la futura vittima presenta. È sbagliato.

Non c'è dubbio, per esempio, che quando un mafioso vuole intimidire una impresa edile comincia facendogli saltare in aria la scavatrice. Se ha a che fare con una impresa di nettezza urbana, darà fuoco a una benna. Ma se, dopo averne discusso con il capo famiglia, deve eliminare qualcuno — un nemico, un rivale, un concorrente —, il mafioso ha davanti a sé soltanto una possibilità. Se è in grado di avvicinare la vittima — amico o conoscente — lo colpirà di sorpresa, facendone poi sparire il cadavere (la soluzione migliore, in quanto lascia nell'incertezza l'identificazione dell'assassino e la sorte dell'assassinato). Se invece non può avvicinare la vittima, sta a lui individuare il modo migliore per ucciderla, esponendosi al minor rischio possibile. Il kamikaze non rappresenta un modello in auge tra i membri di Cosa Nostra. L'uomo d'onore deve eseguire il suo lavoro senza mettere a repentaglio né se stesso né la famiglia; il fascino morboso del suicidio o del sacrificio di sé non fa parte del suo bagaglio culturale.

Come dicevo, il problema principale per chi ha ricevuto ordine di uccidere o via libera in questo senso è quello di mettersi in contatto con la vittima. Non è facile: i siciliani, e ancora di più i mafiosi, ai quali il rischio sempre incombente aguzza l'ingegno, sono diffidenti per natura.

Un esempio: il mafioso Michele Cavataio, uno dei personaggi chiave della prima guerra di mafia, aveva fatto credere che i fratelli La Barbera, della famiglia di «Palermo centro», fossero responsabili di numerosi omicidi all'interno dell'organizzazione avvenuti negli anni 1962-63, mentre ne era stato lui stesso l'autore. Era stato quindi uno dei principali responsabili di quella prima guerra, che aveva provocato una repressione poliziesca di dimensioni tali da costringere Cosa Nostra a sciogliere la Commissione che la governava. Placatesi le acque, fu deciso di ricostituire la Commissione ma con nuovi membri.

Ed ecco che Cavataio vuole entrare a farne parte, proprio mentre i capi dell'organizzazione cominciano ad aver sentore delle sue responsabilità. Il triumvirato[1], all'epoca alla guida della mafia, si riunisce e decide non solo che Cavataio non deve entrare nel futuro governo in quanto non è più ritenuto affidabile, ma che deve essere eliminato in quanto responsabile principale della guerra. Però, per raggiungere un obiettivo del genere bisogna avvicinarlo e quindi fingere di avere concluso la pace con lui. E questo significa che un certo numero di uomini d'onore vengono incaricati di far credere a quel personaggio temibile ed estremamente diffidente di essere suoi amici.

La decisione non viene presa a cuor leggero, in quanto Cavataio gode di grande prestigio anche per il suo coraggio. Ma Stefano Bontate, capo della potente famiglia di Santa Maria di Gesù, finisce per avere la meglio: convince, infatti, gli altri due membri del triumvirato che, per evitare defezioni e comprensibile disagio negli uomini d'onore che ammirano Cavataio, della sua eliminazione devono occuparsi esclusivamente le famiglie della provincia di Palermo, in altre parole gente che lui, Bontate, conosce e tiene in pugno. Questa strategia a doppio binario — amicizia ed eliminazione — ha un successo folgorante: Michele Cavataio viene ferocemente ucciso nel dicembre 1969, in un'imboscata ormai passata alla storia come la strage di viale Lazio.

Altri omicidi celebri dimostrano lo straordinario

[1] Dal 1970 al 1974, la dissolta Commissione fu rimpiazzata da un triumvirato provvisorio composto da Gaetano Badalamenti, Stefano Bontate e Luciano Leggio, sostituito a sua volta da Salvatore Riina e Bernardo Provenzano.

pragmatismo e la capacità di adattarsi di Cosa Nostra e confermano ancora una volta che non esistono categorie predeterminate di reazione ai diversi tipi di crimine. Né per quelli consumati all'interno dell'organizzazione né per quelli esterni.

Salvatore Inzerillo, valoroso capo della famiglia palermitana d'Uditore, viene ucciso nel 1981 da una raffica di Kalashnikov mentre sta entrando sulla sua macchina blindata. Il commissario Ninni Cassarà viene falciato nel 1985 da un nutrito fuoco di fucile mitragliatore mentre sale i gradini che separano l'auto blindata dal portone di casa sua. Nel 1983 il giudice Rocco Chinnici salta in aria nell'esplosione di una macchina imbottita di esplosivo parcheggiata di fronte a casa sua. Il commissario Beppe Montana cade nel 1985 per un semplice colpo di pistola mentre torna da una gita in barca, disarmato.

Ognuno è stato colpito nell'attimo della giornata e nel luogo in cui appariva più vulnerabile. Solo considerazioni strategiche e tecniche determinano il tipo di omicidio e il tipo di arma da impiegare. Con una persona che si sposta con l'auto blindata come Rocco Chinnici è giocoforza ricorrere a metodi spettacolari.

Rimaniamo a questo delitto. È stato scritto: «*Essi* hanno voluto sopprimerlo alla libanese per gettare Palermo nel terrore». In realtà, *essi* l'hanno ucciso nel solo modo possibile, causando cinque morti e distruggendo una decina di automobili perché Chinnici era molto prudente e attento in tema di sicurezza personale. Impariamo a riflettere in modo sereno e «laico» sui metodi di Cosa Nostra: prima di sferrare l'attacco, l'organizzazione compie sempre uno studio serio e approfondito. Per questo è molto difficile prendere un mafioso con le mani nel sacco. Si contano sulle dita di una mano quelli arrestati in flagranza di reato: Agostino Badalamenti, per esempio, sorpreso con la pistola in pugno e che riuscì a farsi passare per un certo periodo per matto, prima di venire condannato perché perfettamente sano di mente.

La violenza interna all'organizzazione è la più difficile da comprendere. Ci è difficile pensare infatti che risponda a una logica, che la mafia non abbia altro mezzo, per ristabilire l'ordine interno, se non quello di uccidere: quando recluta un vigliacco o un bugiardo, quando le capita di venire imbrogliata sulla merce, e così via .

Perché Cosa Nostra è una società, una organizzazione, a modo suo, giuridica, il cui regolamento, per essere rispettato e applicato, necessita di meccanismi effettivi di sanzioni. Dal momento che all'interno dello Stato-mafia non esistono né tribunali né forze dell'ordine, è indispensabile che ciascuno dei suoi «cittadini» sappia che il castigo è inevitabile e che la sentenza verrà eseguita immediatamente. Chi viola le regole sa che pagherà con la vita.

Per i magistrati e, in genere, per chi è responsabile della repressione, le manifestazioni episodiche di violenza mafiosa rivestono un interesse supplementare poiché sono indice dello stato di salute dell'organizzazione e del grado di controllo che esercita sul territorio.

Abbiamo fatto grandi progressi nell'interpretazione di questi fenomeni che ci sembravano avvolti nel mistero e che la stampa liquidava come «scontri tra bande rivali». Abbiamo capito che i «raccolti rossi», come diceva Dashiell Hammett, che imbrattano di sangue le strade delle città siciliane sono spesso sintomo di un conflitto tra una famiglia di Cosa Nostra padrona del territorio e una famiglia non facente parte dell'organizzazione, ma che cerca di imporsi. Tutte cose destinate a costare un buon numero di morti e di distruzioni.

Quel che accade a Gela, nel Sud della Sicilia, è quanto mai istruttivo: quarantacinque morti in pochi mesi, sono quasi sicuramente segno che la presenza di Cosa Nostra in quel centro non è ancora del tutto consolidata. Quando cesserà la mattanza, questo significherà che Cosa Nostra è riuscita a sopraffare le organizzazioni marginali ed è la sola a controllare le fonti di reddito, gli appalti, gli aiuti comunitari, i traffici locali. Finché si uccide, è segno che la situazione è instabile. E gli individui vulnerabili. Dopo...

Da quanto detto non bisogna concludere che tutto è prevedibile e stabilito per l'eternità nell'ambito di Cosa Nostra. La mafia è composta di esseri umani, con le loro esigenze, i loro desideri, i loro comportamenti che si evolvono nel tempo. Mi è capitato di notare segni di irritazione di fronte alla durezza di alcune regole. Ho constatato che uomini come Buscetta, Mannoia e Calderone, diventando pentiti, rivendicavano in qualche modo una certa qualità di vita incompatibile con i princìpi mafiosi. Molti mafiosi si sono rivelati sensibili al consumismo. Alfredo Bono, condannato anche in appello in quanto membro della famiglia di Bolognetta (Palermo), giocava regolarmente nei casinò e nelle bische clandestine quando si trovava al Nord, anche se la pratica viene riprovata da Cosa Nostra; Gaetano Grado, della famiglia di Santa Maria di Gesù, ha corso il rischio di essere ucciso dal suo capo Stefano Bontate perché, dopo aver partecipato al massacro di viale Lazio (1969), era partito per divertirsi a Milano con le puttane.

Quando Buscetta, per giustificare il suo pentimento, mi ha detto che i suoi compagni avevano «violato le regole più elementari di Cosa Nostra e che con il loro comportamento avrebbero portato l'organizzazione alla rovina», ho avuto la sensazione di vivere un grande momento, un momento storico. Una cosa che nel profondo del cuore speravo da lungo tempo.

Devo dire che fin da bambino avevo respirato giorno dopo giorno aria di mafia, violenza, estorsioni, assassinii. C'erano stati poi i grandi processi che si erano conclusi regolarmente con un nulla di fatto. La mia cultura progressista mi faceva inorridire di fronte alla brutalità, agli attentati, alle aggressioni; guardavo a Cosa Nostra come all'idra dalle sette teste: qualcosa di magmatico, di onnipresente e invincibile, responsabile di tutti i mali del mondo. Avevo letto anche di Cesare Mori, il «prefetto di ferro» inviato da Mussolini a dare il colpo di grazia all'organizzazione mafiosa, e il sociologo Henner Hess.

Nell'atmosfera di quel tempo respiravo anche una cultura «istituzionale» che negava l'esistenza della mafia e respingeva quanto vi faceva riferimento. Cercare di dare un nome al malessere sociale siciliano equivaleva ad arrendersi agli «attacchi del Nord»! La confusione regnava sovrana: da una parte chi diceva: «Tutto è mafia», dall'altra chi sosteneva: «La mafia non esiste». Tutto in un contesto, per dirla con Sciascia, di attentati, assassinii, avvenimenti gravissimi, che hanno scandito la mia formazione giovanile.

Massacro dei carabinieri di Ciaculli, 1963; strage di viale Lazio a Palermo, 1969; scomparsa del giornalista Mauro de Mauro, 1970; assassinio del procuratore della Repubblica Scaglione, 1971; processo dei «114» a Palermo, 1974; conclusione dei lavori della commissione antimafia che, nel 1976, fecero sperare chissà quali rivelazioni poi completamente sgonfiatesi. Questa l'atmosfera dei miei primi anni in magistratura.

Ma sono convinto che anche allora chi voleva capire e aveva voglia di lavorare poteva farcela. Ho sempre saputo che per dare battaglia bisogna lavorare a più non posso e non mi erano necessarie particolari illuminazioni per capire che la mafia era una organizzazione criminale.

Mi sono fatto le ossa a Trapani come sostituto procuratore.

La mafia è entrata subito nel raggio dei miei interessi professionali con uno dei grandi processi del dopoguerra. Dieci assassinii e la mafia di Marsala dietro le sbarre. Mi indicarono un armadio pieno di pratiche, dicendomi: «Leggile, tutte!». Era il novembre 1967 e puntuali come un orologio svizzero cominciarono ad arrivarmi cartoline con disegni di bare e di croci. È una cosa che tocca agli esordienti e non ne rimasi colpito più di tanto.

Il tuffo improvviso nell'universo di Cosa Nostra è stato appassionante, intenso, formativo. La mia curiosità per la mafia, già forte, aumentò nel corso delle indagini. Ma non era facile, da Marsala o Trapani, avere una visione unitaria del fenomeno mafioso. Nel 1978 sono quindi tornato a Palermo e, nonostante avessi fatto domanda di assegnazione all'Ufficio istruzione, sono stato subito spedito al tribunale fallimentare. Ci sono rimasto solo un anno per essere assegnato, poi, come giudice istruttore, al gruppo che faceva capo al consigliere Rocco Chinnici. Sono stati anni di lavoro luminosi.

Quando è capitato il primo pentito — la persona che doveva confermare dall'interno dell'organizzazione un certo numero di elementi che avevamo appreso dai rapporti di polizia e carabinieri o dalle altre inchieste —, quando abbiamo avuto tra le mani quest'uomo avevamo alle spalle quattro anni di lavoro enorme. Ci eravamo esercitati e formati sui nostri stessi errori di interpretazione, errori — sia subito ben chiaro — che non hanno mai comportato danni irreparabili ai singoli.

Il nostro pentito, Tommaso Buscetta, non era piovuto dal cielo. Quando, nel luglio 1984, compare all'orizzonte siamo dunque preparati. Per quanto mi riguarda, avevo già istruito i processi Spatola e Màfara. Conoscevo Cosa Nostra nelle sue grandi linee. Ero in grado di capire Buscetta e quindi pronto a interrogarlo.

Prima di lui, non avevo — non avevamo — che un'idea superficiale del fenomeno mafioso. Con lui abbiamo cominciato a guardarvi dentro. Ci ha fornito numerosissime conferme sulla struttura, sulle tecniche di reclutamento, sulle funzioni di Cosa Nostra. Ma soprattutto ci ha dato una visione globale, ampia, a largo raggio del fenomeno. Ci ha dato una chiave di lettura essenziale, un linguaggio, un codice. È stato per noi come un professore di lingue che ti permette di andare dai turchi senza parlare con i gesti.

Oserei dire che, quanto al contenuto delle loro rivelazioni, altri pentiti hanno avuto un'importanza forse maggiore di Buscetta, ma lui solo ci ha insegnato un metodo, qualcosa di decisivo, di grande spessore. Senza un metodo non si capisce niente. Con Buscetta ci siamo accostati all'orlo del precipizio, dove nessuno si era voluto avventurare, perché ogni scusa era buona per rifiutare di vedere, per minimizzare, per spaccare il capello (e le indagini) in quattro, per negare il carattere unitario di Cosa Nostra. Alcuni mìei colleghi e anche certi poliziotti che sostengono di occuparsi di mafia non hanno letto ancora oggi i verbali di interrogatorio di Buscetta! Alcuni con tono spocchioso mi rinfacciano il «teorema Buscetta» o meglio il «teorema Falcone»!

Un piccolo esempio per dimostrare l'importanza dell'interpretazione del linguaggio. Un imprenditore pubblico, tale Pino Aurelio, nel 1989 si rivolge a un boss mafioso per ottenerne la protezione; nonostante ciò, le sue scavatrici continuano a saltare in aria. Alla fine riesce a stabilire un contatto con un altro mafioso, il quale gli fa capire che ha preso una cantonata: «Quando uno vuole costruire,» sentenzia «gli occorre un architetto; quando uno è malato, va dal medico». Traduzione: «Lei ha preso contatto con la persona sbagliata».

Buscetta mi ha fornito le coordinate che mi hanno permesso di mettere a punto un metodo di lavoro. Si riassume in pochi concetti: dobbiamo rassegnarci a indagini molto ampie; a raccogliere il massimo di informazioni utili e meno utili; a impostare le indagini alla grande agli inizi per potere poi, quando si hanno davanti i pezzi del puzzle, costruire una strategia.

Nel 1979 il commissario di polizia Boris Giuliano è morto probabilmente anche perché procedeva alla cieca, senza rendersi conto del pericolo che correva muovendosi su un terreno poco noto. Mi spiego meglio. Indagando con altissima professionalità su una valigia imbottita di 500.000 dollari rinvenuta all'aeroporto di Palermo, Giuliano viene a sapere che un certo signor Giglio ha depositato presso la Cassa di risparmio cittadina 300.000 dollari in contanti. Va a trovare il direttore della banca, Francesco Lo Coco, e gli chiede: «Chi è questo Giglio?». Risposta: «Non ne so niente». Giuliano aggiunge: «Mi avverta se si rifà vivo».

Lo Coco, come si è poi scoperto, è cugino primo di Stefano Bontate, capo della famiglia di Santa Maria di Gesù, mentre il signor Giglio non è mai esistito. Lo stesso Lo Coco aveva effettuato il versamento per conto della famiglia Bontate. Il commissario Giuliano, per mancanza di informazioni, si era introdotto nella tana del lupo per sapere cosa faceva il lupo. Da solo, con impegno professionale profondo e coraggio grandissimo, sollevando però soltanto un piccolo lembo del sipario che nascondeva una realtà ben più complessa.

Ne ho tratto la conclusione che occorre procedere con la massima cautela e che bisogna verificare a ogni passo il confine tra il noto e l'ignoto e non sperare mai che altri possano colmare le nostre lacune.

A partire dal processo Spatola del 1979, che ho istruito da solo, abbiamo proceduto in modo sistematico, cercando di muoverci su terreni sicuri e sotto controllo. Tutti all'epoca parlavano di enormi quantità di droga che partivano dalla Sicilia per gli Stati Uniti. Allora mi sono detto: «Se hanno venduto droga in America del Nord, nelle banche siciliane saranno rimaste tracce delle operazioni realizzate». Così hanno avuto inizio le prime indagini bancarie. Fruttuose per il processo Spatola come per gli altri. Accumulare dati, informazioni, fatti fino a quando la testa scoppia, permette di valutare razionalmente e serenamente gli elementi necessari a sostenere una accusa. Il resto sono chiacchiere, ipotesi di lavoro, supposizioni, semplici divagazioni. Non le trascuro, ma so che non hanno vera importanza. A queste fantasie preferisco il necessario atteggiamento di contabile dei militari americani che durante la guerra del Golfo valutavano ogni giorno l'entità dei danni inflitti e subiti.

Oltre ad avermi insegnato una lingua e una chiave di interpretazione, Buscetta mi ha posto di fronte a un problema decisivo. Mi ha fatto comprendere che lo Stato non è ancora all'altezza per fronteggiare un fenomeno di tale ampiezza. Con grande franchezza mi ha detto: «Le dirò quanto basta perché lei possa ottenere alcuni risultati positivi, senza tuttavia che io debba subire un processo inutile. Ho fiducia in lei, giudice Falcone, come ho fiducia nel vicequestore Gianni De Gennaro. Ma non mi fido di nessun altro. Non credo che lo Stato italiano abbia veramente l'intenzione di combattere la mafia». E ha aggiunto: «L'avverto, signor giudice. Dopo questo interrogatorio lei diventerà una celebrità. Ma cercheranno di distruggerla fisicamente e professionalmente. E con me faranno lo stesso. Non dimentichi che il conto che ha aperto con Cosa Nostra non si chiuderà mai. È sempre del parere di interrogarmi?». Così ebbe inizio la sua collaborazione.

Anche durante quel periodo fecondo, ho sempre evitato di scambiare ipotesi di lavoro con la realtà. Ho sempre saputo che molte di esse, benché meritevoli di essere esplorate, erano del tutto al di fuori delle mie possibilità e delle forze a mia disposizione. Ho sempre evitato di prendere iniziative che non avessero qualche ragionevole possibilità di successo.

Occuparsi di indagini di mafia significa procedere su un terreno minato: mai fare un passo prima di essere sicuri di non andare a posare il piede su una mina «antiuomo». Il principio è valido per tutte le istruttorie che riguardano più o meno da vicino la criminalità organizzata, ma ancora di più per una persona come me nel momento in cui mi avventuravo in una terra ancora quasi vergine sotto il fuoco incrociato di amici e nemici, anche all'interno della magistratura. I miei colleghi sostenevano che ero affetto da *vis attractiva*; a loro avviso, insomma, volevo avocare a me tutti i processi d'Italia. Un alto magistrato diede questo suggerimento al mio capo Rocco Chinnici: «Seppelliscilo sotto montagne di piccoli processi, almeno ci lascerà in pace». Al tribunale di Palermo sono stato oggetto di una serie di microsismi, fattisi via via più intensi con il passare del tempo. Davo fastidio.

Le dichiarazioni di Buscetta, giunte a coronamento di quattro anni di indagini proficue, quattro anni in cui ho imparato più cose che in venti, sono come le matrioske russe. Ho capito grazie a esse che fino a quel momento ero stato solo un artigiano. Circondato dallo scetticismo generale, appoggiato soltanto da alcuni colleghi, privo di strumenti adeguati. E che era giunto il momento di fare un salto di qualità nell'organizzazione della lotta per ottenere risultati significativi.

II

Messaggi e messaggeri

L'interpretazione dei segni, dei gesti, dei messaggi e dei silenzi costituisce una delle attività principali dell'uomo d'onore. E di conseguenza del magistrato. La tendenza dei siciliani alla discrezione, per non dire al mutismo, è proverbiale. Nell'ambito di Cosa Nostra raggiunge il parossismo. L'uomo d'onore deve parlare soltanto di quello che lo riguarda direttamente, solo quando gli viene rivolta una precisa domanda e solo se è in grado e ha diritto di rispondere. Su tale principio si basano i rapporti interni alla mafia e i rapporti tra mafia e società civile. Magistrati e forze dell'ordine devono adeguarsi.

Nei miei rapporti con i mafiosi mi sono sempre mosso con estrema cautela, evitando false complicità e atteggiamenti autoritari o arroganti, esprimendo il mio rispetto ed esigendo il loro. È inutile andare a trovare un boss in carcere se non si hanno domande precise da porgli su indagini che riguardano la mafia, se non si è bene informati o se si pensa di poterlo trattare come un qualsiasi criminale comune.

Dopo le dichiarazioni di Calderone, un boss di Caltanissetta doveva essere nel 1988 interrogato da uno dei miei colleghi. Questi si rivolse così al mafioso: «Sei tu il taldeitali? Allora raccontami di Cosa Nostra!». Il mafioso, che stava per sedersi, si rialzò

49

in piedi e replicò: «Cosa Nostra? Cosa Nostra vuol dire cosa mia, cosa sua, cosa dell'avvocato. Bene, la cosa mia ve la regalo». Sedutosi, si chiuse in un silenzio impenetrabile.

I membri di Cosa Nostra esigono di essere rispettati. E rispettano solo chi manifesta nei loro confronti un minimo di riguardo.

Uno dei miei colleghi romani, nel 1980, va a trovare Frank Coppola, appena arrestato, e lo provoca: «Signor Coppola, che cosa è la mafia?». Il vecchio, che non è nato ieri, ci pensa su e poi ribatte: «Signor giudice, tre magistrati vorrebbero oggi diventare procuratore della Repubblica. Uno è intelligentissimo, il secondo gode dell'appoggio dei partiti di governo, il terzo è un cretino, ma proprio lui otterrà il posto. Questa è la mafia...».

Un'altra cosa non è generalmente compresa, e cioè che l'appellativo «Signore» usato da un mafioso non ha nulla a che vedere con il *Monsieur* francese, il *Sir* britannico o il *Mister* americano. Significa semplicemente che l'interlocutore non ha diritto ad alcun titolo, altrimenti verrebbe chiamato «Zio» o «Don», se è un personaggio importante nell'organizzazione, oppure «Dottore», «Commendatore», «Ingegnere» e così via. Durante il primo maxiprocesso di Palermo nel 1986, il pentito Salvatore Contorno, per esprimere il suo assoluto disprezzo nei confronti di Michele Greco, considerato capo della mafia ma che ai suoi occhi non era nessuno, si esprimeva in questi termini: «Il signor Michele Greco...».

Ricordo che una volta — ero andato in Germania a interrogare un capo mafioso — mi accadde di essere apostrofato: «Signor Falcone...». Allora toccò a me offendermi. Mi alzai e ribattei: «No, un momento, *lei* è il signor taldeitali, *io* sono il giudice Falcone». Il mio messaggio raggiunse il bersaglio e il boss mi porse le sue scuse. Sapeva fin troppo bene perché rifiutavo il titolo di signore, che, in quanto non riconosceva il mio ruolo, mi riduceva a uno zero. Tutto questo per dire che il nostro lavoro di magistrati consiste anche nel padroneggiare una griglia interpretativa dei segni. Per un palermitano come me, rientra nell'ordine naturale delle cose.

Ho incontrato Buscetta la prima volta nel luglio 1984 a Brasilia. Era stato appena arrestato e io avevo compilato un elenco di domande che, secondo la procedura, gli sarebbero state poste da un giudice brasiliano. Entrando nella stanza dove si svolgeva l'interrogatorio, fui colpito nel vedere Buscetta accompagnato dalla moglie e mi misi sul chi vive. Buscetta rispondeva evasivamente alle domande del mio collega brasiliano e, mentre mi chiedevo se non stessi perdendo il mio tempo, il «boss dei due mondi», per dirla con i giornali del tempo, si rivolse a me: «Signor giudice, per rispondere a una domanda del genere non basterebbe tutta la notte». Mi rivolsi al magistrato italiano che mi accompagnava e, suscitando la sua incredula ilarità, gli dissi: «Credo proprio che quest'uomo collaborerà con noi». La frase che mi aveva rivolto costituiva infatti un segnale inequivocabile di pace e di apertura.

Tutto è messaggio, tutto è carico di significato nel mondo di Cosa Nostra, non esistono particolari trascurabili. È un esercizio affascinante che esige tuttavia una attenzione sempre vigile. Tommaso Buscetta è un modello in questo campo e ho l'impressione che i nostri rapporti siano sempre stati in codice.

Quando venne a Roma nel luglio 1984, mi recai a

interrogarlo accompagnato da Vincenzo Pajno, procuratore della Repubblica di Palermo, personaggio molto più importante di me: era un segnale di considerazione che volevo trasmettere a Buscetta e lui l'ha apprezzato. Parliamo del più e del meno e a un certo punto lui dice: «Non ho più sigarette». Gli offro il mio pacchetto: «Lo tenga pure, signor Buscetta, arrivederci a domani». Il giorno seguente il pentito ha tenuto a precisare: «Ho accettato ieri le sue sigarette perché era un pacchetto già aperto. Ma una stecca o anche qualche pacchetto intero non li avrei accettati perché avrebbero significato che lei intendeva umiliarmi».

Si può scorgere qualcosa di patologico in questo scambio di cerimonie, in questo attaccamento ai dettagli. Ma chi vive a contatto con il pericolo ha bisogno di comprendere il significato degli indizi apparentemente più irrilevanti, di interpretarli mediante un'opera costante di decodificazione. E questo vale per chiunque, poliziotto, magistrato, criminale.

Gli aneddoti in materia si sprecano. Sappiamo bene, purtroppo, la disistima di Cosa Nostra per lo Stato italiano e come questa organizzazione preferisca il suo personale sistema di fare giustizia — rapido e diretto — a lunghi processi che non approdano a nulla. Cosa Nostra non si lascia sfuggire alcuna opportunità di mettere alla berlina lo Stato, di farsi gioco della sua impotenza. Il commissario Beppe Montana raccontava che nell'aprile 1982, quando a Palermo e in tutta Italia si faceva un gran parlare dell'imminente arrivo nella «capitale del crimine» del generale Carlo Alberto Dalla Chiesa, si trovava a Ciaculli per fare una irruzione in un bar. Vi giunge con un forte gruppo di poliziotti armati fino ai denti e trova solo un vecchio cameriere che si alza in piedi, imperturbabile, si dirige verso il muro e vi si appoggia a braccia alzate e gambe divaricate. Mentre lo perquisiscono, chiede: «Che succede? È già arrivato Dalla Chiesa?».

Questo ci dà la misura dello scherno con cui vengono accolte dalla popolazione le iniziative dello Stato, anche quelle più serie. Un poliziotto mi ha riferito la reazione suscitata dalla nomina ad alto commissario per la lotta contro la mafia di Domenico Sica, incaricato fra l'altro di catturare i mafiosi latitanti (era il 1988). Un boss di conoscenza del poliziotto, informato della notizia, sprofonda in un assoluto silenzio. Poi, di colpo, si mette a raccontare di un suo amico che aveva un cane divorato dalle zecche dalle quali nessuno sapeva come liberare la povera bestia. Un vicino suggerisce una medicina straordinariamente efficace; basta versarla nella bocca della zecca e questa muore sul colpo. «Ma come si apre la bocca alla zecca?» chiede il poliziotto. «E l'alto commissario come li prende i latitanti?» replica il boss.

Questi aneddoti sarcastici non servono soltanto a sostituire gli aforismi di un tempo: spesso offrono a Cosa Nostra il mezzo per trasmettere un messaggio. Parlavo con Buscetta di un omicidio, lui era convinto che si trattasse di un omicidio mafioso, io ero perplesso. A conclusione della nostra discussione, Buscetta dice: «Voglio raccontarle una storia». Capisco immediatamente la sua intenzione di dirmi qualcosa in modo indiretto. «Un tale ha una infezione in un brutto posto, nelle natiche. Va dal dottore e gli dice: "Dottore, stavo passando sopra un filo spinato, mi sono graffiato e la ferita si è infettata". Il medico lo visita e sentenzia: "Per quel che posso vedere, non mi sembra una ferita da filo spinato". E l'altro: "Dottore, giuro che l'infezione me la sono provocata così, ma lei mi curi come si trattasse di altra cosa..."». Messaggio di Buscetta: «Lei non crede che si tratti di un delitto mafioso, io sono sicuro di sì. Faccia le sue indagini come se fosse un delitto mafioso».

Il messaggio può assumere un tono decisamente minaccioso. Può annunciare la morte. Prudenti e di poche parole, gli uomini d'onore sanno usare l'avvertimento. Il pentito Antonino Calderone mi raccontava nel 1987 che quando suo fratello, Giuseppe, capo della «provincia» catanese e della «Regione», trovò nella sua auto un ordigno esplosivo, per prima cosa si diede da fare per scoprire, tramite amici e protettori, da che parte veniva il pericolo. Telefona al compare di Palermo, Stefano Bontate, e fissa un appuntamento con lui, con Gaetano Badalamenti e con Rosario Riccobono. Il suo racconto viene ascoltato con apparente indifferenza dai palermitani che appaiono assai enigmatici. Alla fine dell'incontro, quando tutti insieme stanno per andare a pranzo a Trabia, Badalamenti si mette a fischiettare un motivetto il cui refrain suona più o meno: «Spara o sparisci. Altrimenti altri spareranno contro di te». Calderone afferra al volo il messaggio, capisce che il tempo di discutere è passato, che bisogna lasciar parlare le armi. Verrà ucciso poco tempo dopo.

Questi uomini degni di Machiavelli, che vivono perennemente sulla difensiva, sono costretti a essere sintetici. Con il passare degli anni, hanno cambiato però atteggiamento nei loro rapporti con la magistratura.

Fino a quando la regola non scritta è stata quella della non ingerenza tra i due ordinamenti, lo Stato e la mafia, il copione da rispettare era fisso: qualche anno di prigione, il potere di uno Stato «straniero» da sopportare e alla fine il ritorno a casa del mafioso con un'aureola di maggior prestigio. Il copione coi giudici era perfettamente rodato, con il suo rituale di omaggi ossequiosi e di assoluta mancanza di collaborazione costruttiva. Il comportamento dei mafiosi, distaccato e apparentemente servile, intriso di ironia, rendeva l'interrogatorio del tutto aleatorio. Gli avvocati agli inizi mi dicevano: «Lei, al massimo, può chiedere al mio cliente solo che ora è». Quando gli obitori hanno cominciato a riempirsi di cadaveri di uomini d'onore e lo Stato ha mostrato una certa propensione (provvisoria) a combattere, il lato cerimonioso ha perso importanza e ciascuno ha rivelato i tratti tipici del proprio carattere: alcuni hanno urlato, altri si sono mostrati insolenti fino alla minaccia, altri hanno dato in escandescenze, altri si sono rifiutati di rispondere, chiedendo tuttavia al giudice di «non volergliene», e infine altri hanno collaborato, come accade in un qualsiasi paese civile.

Quando saltano le regole ancestrali, quando lo Stato decide di combattere sul serio la mafia, quando forze dell'ordine e magistrati fanno realmente e fino in fondo il proprio dovere, i comportamenti degli imputati cambiano.

Nel 1980 ho interrogato per la prima volta Michele Greco, non ancora indicato come il capo di Cosa Nostra. Dopo un lungo monologo — che ascolto pazientemente — sui suoi meriti di uomo dedito al bene e onesto lavoratore, gli contesto alcuni indizi di una certa gravità (chiedo informazioni su alcuni assegni che ha ricevuto senza una ragione plausibile dal boss mafioso Giovanni Bontate). Resosi conto che non avrei formulato una serie di accuse vaghe, ma che intendevo contestargli fatti precisi, si sente in difficoltà. E rifiuta di rispondere, assumendo un atteggiamento scortese e molto minaccioso.

Quando nel 1986, dopo anni di latitanza, lo interrogo una seconda volta, mi chiede subito scusa per l'atteggiamento tenuto in passato e poi trova modo di trasmettermi due messaggi. Per prima cosa mi paragona a Maradona, «invincibile sul campo, salvo quando gli fanno lo sgambetto», per farmi capire che ha i mezzi per farmi eliminare. Quindi mi dice di essere stato amico del procuratore generale di Palermo Emanuele Pili, un magistrato molto discusso per i metodi scorretti usati al tempo dell'uccisione del bandito Salvatore Giuliano. Che intende dire Michele Greco? Secondo me: «Attento, sono un uomo potente, tratto con gente al di sopra di te, ho buoni rapporti con il potere e tu, tu non sei nessuno...».

I messaggi di Cosa Nostra diretti al di fuori dell'organizzazione — informazioni, intimidazioni, avvertimenti — mutano stile in funzione del risultato che si vuole ottenere. Si va dalla bomba al sorrisetto ironico accompagnato dalla frase: «Lei lavora troppo, fa male alla salute, dovrebbe riposare», oppure: «Lei fa un mestiere pericoloso; io, al suo posto, la scorta me la porterei pure al gabinetto» — due frasi che mi sono state rivolte direttamente. Le cartoline e lettere decorate con disegni di bare o con l'eventuale data di morte accanto a quella di nascita, e i pacchetti con proiettili sono riservati generalmente ai novellini, per sondare il terreno. Quando la mafia fa telefonate del tipo: «La bara è pronta», accentuando l'inflessione siciliana, ottiene senza alcun dubbio un certo effetto.

In questo caso facili da interpretare, le minacce tendono a mettere in moto un processo di autocensura. Direi anzi che si minaccia qualcuno solo quando lo si ritiene sensibile alle minacce. La mafia è razionale, vuole ridurre al minimo gli omicidi. Se la minaccia non raggiunge il segno, passa a un secondo livello, riuscendo a coinvolgere intellettuali, uomini politici, parlamentari, inducendoli a sollevare dubbi sull'attività di un poliziotto o di un magistrato ficcanaso, o esercitando pressioni dirette a ridurre il personaggio scomodo al silenzio. Alla fine ricorre all'attentato. Il passaggio all'azione è generalmente coronato da successo, dato che Cosa Nostra sa fare bene il suo mestiere. Tra i rari attentati falliti, voglio ricordare quello organizzato contro di me nel giugno 1989. Gli uomini della mafia hanno commesso un grosso errore, rinunciando all'abituale precisione e accuratezza pur di rendere più spettacolare l'attacco contro lo Stato. Al punto che qualcuno ha concluso che quell'attentato non era di origine mafiosa. Mi sembra che, più banalmente, capita anche ai mafiosi di sopravvalutare le proprie capacità, sottovalutare l'avversario, voler strafare.

L'attentato coincise con un momento per me difficile al tribunale di Palermo e venne preceduto da una serie di lettere anonime, attribuite dalla stampa al «corvo», che mi accusavano, insieme con altri magistrati, di aver manipolato il pentito Salvatore Contorno, inviandolo in Sicilia per combattere e uccidere i «Corleonesi» e i loro alleati. Rievoco il «corvo» per rilevare come non siano solo i mafiosi a utilizzare messaggi trasversali, anche se questi senza alcun dubbio lo sanno fare molto meglio degli altri.

A proposito di pentiti, sono convinto che il solo comportamento efficace ed equo nei loro confronti sia anzitutto di verificare con estrema cura l'esattezza delle loro rivelazioni, senza tuttavia sminuire sistematicamente quanto affermano.

Conoscendo il modo di rapportarsi dell'uomo d'onore con i fatti e che si può riassumere in questa formula: «obbligo assoluto di dire la verità», mi sono sempre espresso con i mafiosi che interrogavo e che affermavano di voler collaborare in modo crudo, distaccato, scettico e quindi sincero. Ho sempre tenuto a precisare all'inizio degli interrogatori: «Dica pure quello che le pare, ma si ricordi che questo interrogatorio sarà il suo calvario perché cercherò in ogni modo di farla cadere in contraddizione. Se riuscirà a convincermi della verosimiglianza delle sue dichiarazioni, allora e soltanto allora potrò prendere in considerazione la possibilità di tutelare il suo diritto alla vita attraverso gli organi dello Stato». I mafiosi, al pari di chiunque altro, devono essere trattati con franchezza e correttamente.

Essi sono abituati a parlare soltanto con cognizione di causa e sostanzialmente dicono: «Quando affermiamo che un dato evento si è verificato in un certo modo è perché siamo sicuri del fatto nostro. Ci sono tuttavia cose che non possiamo dire — del resto nessuno ci crederebbe — e che per di più rischierebbero di indebolire le indicazioni direttamente utilizzabili per un processo». Ho accettato questo punto di vista, provocando l'ironia dei colleghi quando dicevo: «L'uomo d'onore ha l'obbligo di dire la verità perché la verità costituisce per lui una regola di sopravvivenza, quando è libero e maggiormente quando non lo è più. Se l'obbligo di dire la verità in presenza di un uomo d'onore non è più rispettato dai mafiosi, è segno inequivocabile che o sarà lui a morire o sarà il suo interlocutore ad essere soppresso».

Ecco perché si parla poco all'interno di Cosa Nostra, ecco perché è inutile e superfluo spettegolare di cose che si sanno poco e male e di persone che non hanno nulla a che fare con la famiglia di appartenenza. Se un uomo d'onore della famiglia di Santa Maria di Gesù viene a conoscenza di qualche cosa che riguarda la famiglia di Ciaculli, non c'è ragione che ne faccia parola. La cosa non lo riguarda. Egli è autorizzato a parlare solo di quanto concerne il cerchio ristretto della sue competenze. Altrimenti si pone al di fuori delle regole e a quel punto non lo protegge più niente e nessuno. Le regole costituiscono l'unica salvaguardia del mafioso.

Nel corso dell'interrogatorio di Francesco Marino Mannoia, abbiamo constatato che egli attribuiva al fratello morto una serie di gravi reati. I miei colleghi hanno subito pensato che accusava il fratello perché questi non poteva più difendersi né essere danneggiato dalle accuse. Nulla di più sbagliato. È assolutamente inconcepibile che in una organizzazione come Cosa Nostra si possa mentire su un parente scomparso.

Lo ripeto: c'è l'obbligo di dire la verità, soprattutto quando ci si trova in una situazione come quella di Mannoia, dove le vendette, dirette e trasversali, sono all'ordine del giorno: «Dottore,» diceva «quando dico una cosa e lei non è d'accordo, vedo che i baffi le si mettono a tremare e io mi blocco. Ma stia tranquillo, se dico che non ricordo una cosa, lei non deve insistere, perché il fatto è che non *posso* ricordarmene». Piuttosto che mentire, Mannoia smetteva di parlare. I mafiosi possono incorrere in piccole inesattezze, indulgere a menzogne trascurabili, ma non fanno mai affermazioni disonorevoli. Non dimentichiamo che sono «uomini d'onore».

Un giorno del 1976 vado a interrogare un certo Peppino Pes, detenuto comune, condannato per omicidi plurimi, che, tuttavia, per l'alta opinione che aveva di se stesso, avrebbe potuto ben essere un uomo d'onore. Quando mi racconta di fare parte della commissione detenuti che controlla la mensa, rispondo con una battuta: «Dica un po', Pes, non è che ne approfitterà per mangiare meglio?». Mi lancia uno sguardo indignato, poi con tono scherzoso, ma non troppo, ribatte: «Signor giudice, io faccio soltanto omicidi, non rubo la carne!».

Gli uomini d'onore sono in Sicilia probabilmente più di cinquemila. Scelti dopo durissima selezione, obbedienti a regole severe, dei veri professionisti del crimine. Anche quando si definiscono «soldati», sono in realtà dei generali. O meglio cardinali di una chiesa molto meno indulgente di quella cattolica. Le loro scelte di vita sono intransigenti. Cosa Nostra costituisce un mondo a sé che va compreso nella sua globalità. Con riferimento soprattutto al principio di rispetto della verità, vitale per l'organizzazione. Nessuno forse si è dato la briga di capire come mai il «traditore» Buscetta al maxiprocesso di Palermo abbia potuto deporre nel silenzio assoluto delle gabbie piene di un centinaio di mafiosi. Il fatto è che Buscetta godeva di grande prestigio personale in seno all'organizzazione, ma soprattutto che, benché pentito e quindi infame, egli era stato vittima di un torto inammissibile da parte dei suoi compagni di un tempo. Avevano ucciso due dei suoi figli che non erano neppure uomini d'onore. Il silenzio che ha accolto le sue dichiarazioni gli dava ragione quando sosteneva di essere lui il vero uomo d'onore, mentre i «Corleonesi» e i loro alleati erano la feccia di Cosa Nostra, non avendo rispettato le regole.

Un altro esempio conferma la razionalità delle regole su cui si basa la mafia. È norma che il figlio di un uomo d'onore ucciso da Cosa Nostra non possa essere accolto nell'organizzazione cui apparteneva il padre. Perché? Per il famoso obbligo di dire la verità. Nel momento in cui entra a far parte di Cosa Nostra, il figlio avrebbe il diritto di sapere perché suo padre è stato ucciso, il diritto di esigere spiegazioni che sarebbero fonte di grossi problemi. Allora si è deciso di vietarne l'ammissione proprio per evitare di doversi trovare nella necessità di mentirgli.

Queste regole ed altre analoghe rappresentano l'esasperazione di valori e di comportamenti tipicamente siciliani. Nella vita quotidiana se ne riscontrano moltissimi esempi. Così, in Sicilia, è buona regola non girare armati, a meno di essere pronti a servirsi dell'arma. Se uno porta con sé la pistola, sa che deve usarla, perché sa che colui che gli sta di fronte, lui, lo farà. Il concetto di arma dissuasiva non esiste da queste parti. La pistola si porta perché serva a sparare e non a intimidire.

Un giorno ho assistito a Palermo a una scena di strada estremamente significativa. Un tizio protesta contro un altro che ha parcheggiato di traverso, intralciando la circolazione. Si agita, urla. L'altro lo osserva indifferente e poi continua a parlare con un suo amico come se niente fosse. Il tizio non fa una piega e se ne va senza fiatare. Aveva capito, davanti all'atteggiamento sicuro dell'interlocutore, che, se avesse insistito, le cose avrebbero preso una brutta piega e lui sarebbe uscito perdente dallo scontro. Questa è la Sicilia, l'isola del potere e della patologia del potere.

In questa Sicilia, in questa Cosa Nostra dalle regole inappellabili e dal formalismo intransigente, sono nati i pentiti. Nelle aule dei palazzi di giustizia circolava un rassicurante luogo comune: «Il mafioso non parla mai, altrimenti sarebbe o un pazzo o un uomo morto». Giustissimo in una situazione, diciamo così, di normalità. Non in piena guerra di mafia. Non in piena offensiva dello Stato.

Dietro il luogo comune del mafioso che non parla si nasconde qualcosa d'altro: fatalismo, scoramento, rifiuto di andare avanti. Non è un caso che appena un uomo d'onore ha espresso il desiderio di collaborare sia stato battezzato in modo anche troppo rivelatore «pentito», «delatore», «infame», facendo il gioco di Cosa Nostra, mettendo in bella mostra la cultura del peccato che ci assilla, la mancanza di pragmatismo che ci affligge.

Il pentito, a differenza del classico informatore anonimo, del collaboratore della polizia utilizzato nelle indagini e lasciato nell'ombra, pone problemi nuovi e diversi alla magistratura e all'opinione pubblica. Egli accusa se stesso nel momento in cui accusa gli altri e chiede protezione: è accettabile, dunque, che per la collaborazione prestata Contorno abbia dovuto perdere trentacinque parenti e Buscetta dieci? Mi auguro che la legge votata il 16 marzo 1991, sulla falsariga dell'equivalente americana, porrà rimedio alle carenze dello Stato riguardo alla protezione dei pentiti.

Ad oggi abbiamo avuto nei processi palermitani circa trentacinque pentiti, alcuni dei quali si trovano all'estero. Quando decisero di collaborare, io dissi loro: «Se siete persone serie, verrete trattati bene». Non posso dire di essere stato aiutato dallo Stato e, caso per caso, ho dovuto escogitare soluzioni artigianali. E non mi stupisce che qualcuno si sia pentito di essersi pentito. I giudici spesso hanno comminato loro pene più severe che agli altri imputati; le guardie carcerarie li hanno insultati, dato che non è mai ben visto chi non rispetta la legge del gruppo; il personale di custodia, nel suo insieme, che aveva il compito di garantirne la sicurezza, ha reso loro la vita impossibile, sottoponendoli, per esempio, a sorveglianza diretta e brutale ventiquattro ore su ventiquattro. Mi chiedo come quegli uomini abbiano trovato la forza d'animo necessaria a tenere duro.

I pentiti di cui mi sono occupato, nello spazio di sei anni, hanno finito con il tracciare un panorama abbastanza completo di Cosa Nostra da tutti i possibili punti di vista. Buscetta, che era stato molto vicino al mondo politico, si è mostrato in qualche modo evasivo in questo campo, ma è comunque quello dotato di maggiore spessore. Mentre Contorno, semplice esecutore d'ordini e quindi limitato nella sua visione, ci ha però offerto la fedele rappresentazione di un perfetto «soldato». Calderone, molto umano e sensibile, è stato preciso sull'insieme del fenomeno mafioso siciliano. Marino Mannoia costituisce la sintesi dei primi tre, e inoltre ci ha fornito delle informazioni sull'evoluzione più recente di Cosa Nostra. C'è anche un estraneo all'organizzazione, Vincenzo Sinagra, che ci ha permesso di capire i rapporti tra mafia e criminalità non mafiosa.

Tra i pentiti minori ho trovato interessante Nicolò Trapani, palermitano, capitano marittimo, contrabbandiere, trafficante di droga. Nel 1984 ha reso una confessione minuziosa sui traffici illeciti, e sui rapporti tra catanesi, palermitani e calabresi. Pur non appartenendo all'organizzazione, era stipendiato da alcune famiglie ed era perfettamente al corrente dell'identità dei suoi datori di lavoro. Era una specie di avventuriero internazionale che sosteneva anche di avere sposato una principessa somala.

Altri pentiti sono stati il cinese Koh Bak Kin, il romano Pietro De Riz, i siciliani Vincenzo Marsala, Salvatore Coniglio, Leonardo Vitale. Sì, proprio Leonardo Vitale, che con le sue rivelazioni del 1973 ci ha offerto due importanti conferme: l'esattezza delle informazioni che avrebbero fornito dopo diversi anni Buscetta, Contorno e Marino Mannoia; l'assoluta inerzia dello Stato nei confronti di coloro che dall'interno di Cosa Nostra decidono di parlare. In quell'epoca Vitale aveva fornito indizi che avrebbero dovuto mettere sulla giusta via polizia e magistratura. Aveva riferito di Totò Riina, il «corleonese», come del capo di Cosa Nostra. E aveva raccontato un episodio emblematico: le famiglie di Porta Nuova e di Mezzomonreale discutevano animatamente su chi dovesse incassare una certa tangente. Alla fine fu Riina a decidere in favore della famiglia della Noce[1], affermando: «È la famiglia che più mi sta a cuore». Ancora oggi possiamo constatare che il capo della famiglia della Noce è tra i principali sostenitori di Riina.

Quel che Vitale aveva rivelato nel 1973 è risultato utile solo nel 1984, semplicemente perché fino ad allora lo si era ritenuto non attendibile. Certo si trattava di uno psicopatico, affetto verosimilmente da coprofagia, ma era stato prodigo di tante informazioni vere che avrebbero meritato ben diversa considerazione. Lo Stato, dopo averne sfruttato le debolezze caratteriali, una volta avuta la sua confessione, l'ha rinchiuso in manicomio dimenticandolo. Condannato a seguito delle sue stesse confessioni, nel 1984, poco

[1] Un quartiere palermitano.

tempo dopo essere stato scarcerato, viene assassinato dalla mafia. È questa una delle ragioni per le quali non si possono prendere sul serio quelli che affermano: «Della mafia non si sa niente». Con le montagne di materiale che abbiamo sotto gli occhi!

I motivi che spingono i pentiti a parlare talora sono simili tra loro, ma più spesso diversi. Buscetta durante il nostro primo incontro ufficiale dichiara: «Non sono un infame. Non sono un pentito. Sono stato mafioso e mi sono macchiato di delitti per i quali sono pronto a pagare il mio debito con la giustizia». Mannoia: «Sono un pentito nel senso più semplice della parola, dato che mi sono reso conto del grave errore che ho commesso scegliendo la strada del crimine». Contorno: «Mi sono deciso a collaborare perché Cosa Nostra è una banda di vigliacchi e assassini».

Mannoia è quello che più ha risvegliato la mia curiosità. Avevo avuto a che fare con lui nel 1980, in seguito a una indagine bancaria che indicava come sia lui sia la sua famiglia tenessero grosse somme di denaro su diversi libretti di risparmio. Mannoia al termine del processo fu condannato a cinque anni di carcere, il massimo della pena previsto allora per associazione a delinquere. Non ero riuscito a farlo condannare per traffico di droga. Durante gli interrogatori mi era sembrato un personaggio complesso e inquietante. Non antipatico, dignitoso e anche coerente. Nel 1983 evase di prigione e fu arrestato di nuovo nel 1985.

Nel frattempo Buscetta mi aveva parlato di un certo Mozzarella — era il soprannome di Mannoia —, «killer di fiducia di Stefano Bontate». Nel 1989 al Mannoia uccidono il fratello, Agostino, che adorava. Capisce che il suo spazio vitale nell'ambito di Cosa Nostra si sta restringendo. Perché o hanno ucciso suo fratello a torto — e deve chiederne conto e ragione —, oppure lo hanno ucciso a ragion veduta; in entrambi i casi significa che anch'egli sarà presto eliminato. Fa una lucida analisi della situazione e decide di collaborare.

Le cose sono andate così. Nel settembre 1989 il vicequestore Gianni De Gennaro mi chiama per avere informazioni sull'attuale situazione giudiziaria di Francesco Marino Mannoia. Una donna, che si era qualificata come la sua compagna, era andata a trovarlo per dirgli che Mannoia era pronto a collaborare, ma che voleva avere a che fare solo con due persone: con lui e con Falcone dato che, diceva la donna, «non si fida di nessun altro».

Con l'aiuto del Dipartimento penitenziario del ministero di Grazia e Giustizia, Mannoia viene trasferito in una speciale struttura carceraria, allestita a Roma appositamente per lui. Ufficialmente è detenuto a Regina Coeli, dove peraltro viene condotto per i suoi incontri. Per tre mesi abbiamo parlato in tutta tranquillità. Poi, diffusasi la notizia della sua collaborazione, Cosa Nostra gli uccide in un colpo solo la madre, la sorella e la zia. Il pentito reagisce da uomo e porta a termine le sue confessioni.

Mannoia è un superstite; «soldato» di Stefano Bontate, quindi membro di una famiglia ritenuta perdente a seguito della guerra di mafia, era riuscito a rimanere neutrale e aveva continuato, fra il 1977 e il 1985, a raffinare eroina — era il miglior chimico dell'organizzazione — per tutte le famiglie che gli facevano ordinazioni. Anche in carcere aveva continuato a mantenere buoni rapporti con tutti i detenuti.

Applicava al meglio un antico proverbio siciliano: «*Calati, juncu, ca passa la china* — Abbassati, giunco, che passa la piena». Aspettava in silenzio di prendersi la rivincita sui «Corleonesi». Da qui la sua straordinaria confessione, una delle più dense mai rilasciate, e una massa di informazioni che siamo ben lontani dall'avere completamente sfruttato.

Sono stato pesantemente attaccato sul tema dei pentiti. Mi hanno accusato di avere con loro rapporti «intimistici», del tipo «conversazione accanto al caminetto». Si sono chiesti come avevo fatto a convincere tanta gente a collaborare e hanno insinuato che avevo fatto loro delle promesse mentre ne estorcevo le confessioni. Hanno insinuato che nascondevo «nei cassetti» la «parte politica» delle dichiarazioni di Buscetta. Si è giunti a insinuare perfino che collaboravo con una parte della mafia per eliminare l'altra. L'apice si è toccato con le lettere del «corvo», in cui si sosteneva che con l'aiuto e la complicità di De Gennaro, del capo della polizia e di alcuni colleghi, avevo fatto tornare in Sicilia il pentito Contorno affidandogli la missione di sterminare i «Corleonesi»!

Insomma, se qualche risultato avevo raggiunto nella lotta contro la mafia era perché, secondo quelle lettere, avevo calpestato il codice e commesso gravi delitti. Però gli atti dei miei processi sono sotto gli occhi di tutti e sfido chiunque a scovare anomalie di sorta. Centinaia di esperti avvocati ci hanno provato, ma invano.

La domanda da porsi dovrebbe essere un'altra: perché questi uomini d'onore hanno mostrato di fidarsi di me? Credo perché sanno quale rispetto io abbia per i loro tormenti, perché sono sicuri che non li inganno, che non interpreto la mia parte di magistrato in modo burocratico, e che non provo timore reverenziale nei confronti di nessuno. E soprattutto perché sanno che, quando parlano con me, hanno di fronte un interlocutore che ha respirato la stessa aria di cui loro si nutrono.

Sono nato nello stesso quartiere di molti di loro. Conosco a fondo l'anima siciliana. Da una inflessione di voce, da una strizzatina d'occhi capisco molto di più che da lunghi discorsi.

Sono dunque diventato una sorta di difensore di tutti i pentiti perché, in un modo o nell'altro, li rispetto tutti, anche coloro che mi hanno deluso, come in parte Contorno. Ho condiviso la loro dolorosa avventura, ho sentito quanto faticavano a parlare di sé, a raccontare misfatti di cui ignoravano le possibili ripercussioni negative personali, sapendo che su entrambi i lati della barricata si annidano nemici in agguato pronti a far loro pagare cara la violazione della legge dell'omertà.

Provate a mettervi al loro posto: erano uomini d'onore, riveriti, stipendiati da un'organizzazione più seria e più solida di uno Stato sovrano, ben protetti dal loro infallibile servizio d'ordine, che all'improvviso si trovano a doversi confrontare con uno Stato indifferente, da una parte, e con un'organizzazione inferocita per il tradimento, dall'altra.

Io ho cercato di immedesimarmi nel loro dramma umano e prima di passare agli interrogatori veri e propri, mi sono sforzato sempre di comprendere i problemi personali di ognuno e di collocarli in un contesto preciso. Scegliendo argomenti che possono confortare il pentito nella sua ansia di parlare. Ma non ingannandolo mai sulle difficoltà che lo attendono per il semplice fatto di collaborare con la giustizia. Non gli ho dato mai del tu, al contrario di tanti altri; non lo ho mai insultato, come alcuni credono di essere autorizzati a fare, e neppure gli ho portato dolci siciliani, come qualcuno ha insinuato: «Falcone porta tutti i giorni i cannoli a Buscetta...». Tra me e loro c'è sempre un tavolo, nel senso proprio e metaforico del termine: sono pagato dallo Stato per perseguire dei criminali, non per farmi degli amici.

A volte ci si chiede se ci sono pentiti «veri» e pentiti «falsi». Rispondo che è facile da capire se si conoscono le regole di Cosa Nostra. Un malavitoso di Adrano (Catania), un certo Pellegriti che aveva già collaborato utilmente coi magistrati per delitti commessi in provincia di Catania, aveva stranamente dichiarato di essere informato sull'assassinio a Palermo del presidente della Regione Siciliana, Piersanti Mattarella. Nel 1989 mi reco con alcuni colleghi a trovarlo in prigione per saperne di più e il Pellegriti racconta di essere stato incaricato da mafiosi palermitani e catanesi di recapitare nel capoluogo siciliano le armi destinate all'assassinio.

Era chiaro fin dalle primissime battute che mentiva. Infatti è ben strano che un'organizzazione come Cosa Nostra, che ha sempre avuto grande disponibilità di armi, avesse la necessità di portare pistole a Palermo; né è poi pensabile, conoscendo le ferree regole della mafia, che un omicidio «eccellente», deciso al più alto livello della Commissione, venga affidato ad altri che a uomini dell'organizzazione di provata fede, i quali ne avrebbero dovuto preventivamente informare solo i capi del territorio in cui l'azione si sarebbe svolta; mai comunque estranei come il Pellegriti. I riscontri delle dichiarazioni di Pellegriti, subito disposti, hanno confermato, come era previsto, che si trattava di accuse inventate di sana pianta.

Nel 1984 ci viene segnalato un altro «candidato» al pentimento: Vincenzo Marsala. Nel corso del processo per l'omicidio del padre, aveva pronunciato accuse molto gravi contro le famiglie di Termini e di Caccamo, sostenendo di aver ricevuto le informazioni in suo possesso dal padre.

Lo faccio condurre a Palermo e dal tenore di alcune sue risposte mi convinco che si tratta al novantanove per cento di un uomo d'onore, nonostante i suoi dinieghi. Gli dico allora: «Signor Marsala, a partire da questo momento lei è indiziato di associazione per delinquere di tipo mafioso. Decida che cosa fare». Mi guarda e insiste di non far parte di Cosa Nostra. Interrompo l'interrogatorio e lo rinvio. Qualche settimana dopo ha fatto sapere di essere pronto a parlare seriamente. La sua confessione di mafioso si è rivelata utilissima.

Conoscere i mafiosi ha influito profondamente sul mio modo di rapportarmi con gli altri e anche sulle mie convinzioni.

Ho imparato a riconoscere l'umanità anche nell'essere apparentemente peggiore; ad avere un rispetto reale, e non solo formale, per le altrui opinioni.

Ho imparato che ogni atteggiamento di compromesso — il tradimento, o la semplice fuga in avanti — provoca un sentimento di colpa, un turbamento dell'anima, una sgradevole sensazione di smarrimento e di disagio con se stessi. L'imperativo categorico dei mafiosi, di «dire la verità», è diventato un principio cardine della mia etica personale, almeno riguardo ai rapporti veramente importanti della vita. Per quanto possa sembrare strano, la mafia mi ha impartito una lezione di moralità.

Questa avventura ha anche reso più autentico il mio senso dello Stato. Confrontandomi con lo «Stato-mafia» mi sono reso conto di quanto esso sia più funzionale ed efficiente del nostro Stato e quanto, proprio per questa ragione, sia indispensabile impegnarsi al massimo per conoscerlo a fondo allo scopo di combatterlo.

Mi rimane comunque una buona dose di scetticismo, non però alla maniera di Leonardo Sciascia, che sentiva il bisogno di Stato, ma nello Stato non aveva fiducia. Il mio scetticismo, piuttosto che una diffidenza sospettosa, è quel dubbio metodico che finisce col rinsaldare le convinzioni. Io credo nello Stato, e ritengo che sia proprio la mancanza di senso dello Stato, di Stato come valore interiorizzato, a generare quelle distorsioni presenti nell'animo siciliano: il dualismo tra società e Stato; il ripiegamento sulla famiglia, sul gruppo, sul clan; la ricerca di un alibi che permetta a ciascuno di vivere e lavorare in perfetta anomia, senza alcun riferimento a regole di vita collettiva. Che cosa se non il miscuglio di anomia e di violenza primitiva è all'origine della mafia? Quella mafia che essenzialmente, a pensarci bene, non è altro che espressione di un bisogno di ordine e quindi di Stato.

È il mio scetticismo una specie di autodifesa? Tutte le volte che istintivamente diffido di qualcuno, le mie preoccupazioni trovano conferma negli eventi. Consapevole della malvagità e dell'astuzia di gran parte dei miei simili, li osservo, li analizzo e cerco di prevenirne i colpi bassi.

Il mafioso è animato dallo stesso scetticismo sul

genere umano. «Fratello, ricordati che devi morire» ci insegna la Chiesa cattolica. Il catechismo non scritto dei mafiosi suggerisce qualcosa di analogo: il rischio costante della morte, lo scarso valore attribuito alla vita altrui, ma anche alla propria, li costringono a vivere in stato di perenne allerta. Spesso ci stupiamo della quantità incredibile di dettagli che popolano la memoria della gente di Cosa Nostra. Ma quando si vive come loro in attesa del peggio si è costretti a raccogliere anche le briciole. Niente è inutile. Niente è frutto del caso. La certezza della morte vicina, tra un attimo, una settimana, un anno, pervade del senso della precarietà ogni istante della loro vita.

Conoscendo gli uomini d'onore ho imparato che le logiche mafiose non sono mai sorpassate né incomprensibili. Sono in realtà le logiche del potere, e sempre funzionali a uno scopo. Ho imparato ad accorciare la distanza tra il dire e il fare. Come gli uomini d'onore.

In certi momenti, questi mafiosi mi sembrano gli unici esseri razionali in un mondo popolato da folli. Anche Sciascia sosteneva che in Sicilia si nascondono i cartesiani peggiori...

Nei momenti di malinconia mi lascio andare a pensare al destino degli uomini d'onore: perché mai degli uomini come gli altri, alcuni dotati di autentiche qualità intellettuali, sono costretti a inventarsi un'attività criminale per sopravvivere con dignità?

III

Contiguità

Il pentito Antonino Calderone, nipote di un importante capomafia catanese morto nel 1960 in un ospedale di Milano, aveva sempre respirato l'aria di Cosa Nostra. Era una specie di figlio d'arte. Quando ancora non era «uomo d'onore», va a fare visita allo zio in ospedale. C'erano fra loro rapporti molto affettuosi e molto riservati.

Alla fine della conversazione, sembra che lo zio voglia trasmettergli un messaggio. Prende le precauzioni d'uso, poiché tra un membro di Cosa Nostra e uno che non lo è non si deve assolutamente parlare dell'organizzazione; sospira e, dopo un lungo silenzio, ben sapendo che suo nipote è candidato all'affiliazione, gli dice: «Vedi quella rosa sul davanzale della finestra? È bella, molto bella, ma se la prendi, ti punge».

Ancora silenzio; poi lo zio, che si sente mancare le forze, mormora: «Sapessi come è bello addormentarsi senza il timore di essere svegliato brutalmente nel cuore della notte. E camminare per strada senza doversi continuamente voltare per paura di ricevere un colpo alla schiena». Egli voleva dire: «Rifletti bene, nipote, prima di diventare un soldato di Cosa Nostra, questa rosa apparentemente meravigliosa. Rifletti prima di saltare il fosso. Perché entrerai in una cultura di morte e di angoscia e comunque di infinita tristezza». Antonino Calderone ricordava questa tortuosa conversazione ancora nel 1987, quando me ne ha parlato, concludendo: «Sono d'accordo con quanto diceva mio zio».

L'organizzazione è decisamente conservatrice. Il continuo richiamo dei mafiosi al Vangelo è solo un espediente, non c'è dubbio, ma esprime anche il conformismo di Cosa Nostra riguardo ai tradizionali valori cristiani. Dirò anche che i mafiosi vi si adeguano formalmente con maggior rigore della media dei credenti, sia perché non hanno alcun interesse a mettersi in mostra, a distinguersi dagli altri, sia perché tali valori formali si conformano perfettamente al loro credo borghese.

Un uomo che ha avuto più di una moglie o intrattiene relazioni extraconiugali note in pubblico, che non è quindi capace di autocontrollo sul piano sessuale e sentimentale, non è un uomo affidabile nemmeno sul piano «professionale». L'unica donna veramente importante per un mafioso è e deve essere la madre dei suoi figli. Le altre «sono tutte puttane». E se per caso un uomo d'onore fa un matrimonio sbagliato, tanto peggio, perché l'unione coniugale non è un fatto essenziale nella sua vita. Ha sposato una donna sbagliata? Se la tenga. E si conformi ai valori chiave della famiglia, faccia in modo che madre e figli siano rispettati e adeguatamente mantenuti. Poi, per il resto, faccia quel che gli pare, ma con la massima discrezione.

Un proverbio molto in voga nell'ambiente di Cosa Nostra recita: «Meglio comandare che fottere». Buscetta che, nonostante il grande prestigio, non ha mai ricoperto cariche di responsabilità nell'organizzazione, è stato «posato» (sospeso dall'organizzazione) perché aveva una vita sentimentale agitata, si era sposato tre volte e non dava quindi sufficienti garanzie di serietà agli occhi dei suoi capi.

Durante il maxiprocesso, Luciano Leggio, che conosce bene la ripugnanza degli uomini d'onore per le situazioni irregolari, ha lanciato contro di lui un'accusa infamante: in Brasile Buscetta aveva tentato di violentare la moglie di un uomo d'onore che era anche il suo migliore amico... E gli avvocati dei boss, nel tentativo di svalutare la credibilità di Buscetta, hanno posto l'accento a loro volta sulla sua inquietudine sentimentale.

Lo stesso conservatorismo anima la mafia americana. Un informatore dello Fbi, mafioso pentito, mi raccontava che la prima cosa che gli avevano imposto, dopo aver prestato giuramento di fedeltà a Cosa Nostra, era stato di andare da un barbiere per tagliarsi barba e capelli e da un sarto per acquistare un abito «serio». Si tratta di un conformismo interessato, perché, lasciandosi andare ai divertimenti appariscenti o alle stravaganze, si rischia di venire «posati» o eliminati.

Il fatto che il palermitano Alfredo Bono giocasse forti somme di denaro nei casinò del Nord non era affatto ben visto. La mafia ha sempre nutrito una profonda diffidenza verso l'ostentazione del libertinaggio e della ricchezza. Non per moralismo, ma in quanto sintomi di inaffidabilità. Il pentito milanese Angelo Epaminonda si divertiva a descrivere l'imbarazzo che provocò quando portò con sé a Palermo due belle ballerine che aveva presentato a due mafiosi siciliani decisamente tradizionalisti, Carmelo Zanca e Salvatore La Rosa: chiaramente a disagio, non sapendo come comportarsi con le ragazze e non osando rivolgere loro la parola, i due boss le osservavano con un certo interesse, ma di sottecchi, senza mai guardarle in faccia direttamente, da veri provinciali.

Non bisogna però pensare che i mafiosi conducano una vita francescana. Svolgono un lavoro duro, che richiede costanza, coraggio e crudeltà, ma ciò non impedisce loro di godere dei vantaggi della ricchezza e dei piaceri del sesso. Dirò anzi che la maggior parte dei mafiosi da me conosciuti sono sommersi da problemi extraconiugali. Una cosa sono le regole, che vanno formalmente rispettate, un'altra la loro applicazione pratica. È quindi soprattutto una questione di stile. Importante è che la moglie legittima non venga umiliata nel suo ambiente sociale. Se le cose vengono fatte con discrezione, a sua insaputa, evitando le maldicenze, non c'è problema né per lei né per l'uomo d'onore né per la mafia. Anzi: le prodezze sessuali, fino a quando conservano un relativo grado di segretezza e non sono ostentate, possono anche accrescere l'autorità «professionale» del mafioso.

Negli ultimi tempi si sono registrati alcuni mutamenti negli uomini d'onore. Il vecchio mafioso contadino aveva costumi austeri consoni al suo contesto. Il mafioso urbano di oggi ha assimilato la cultura del consumismo e si è adeguato ai canoni del mondo moderno, diventando funzionale a esso.

Conserva però qualcosa di cui gli altri membri della collettività sono privi: la cultura della appartenenza e la fedeltà a valori fondamentali. In un mondo privo di punti di riferimento, i mafiosi tendono a conservare la loro identità.

La vita degli uomini d'onore è condizionata da tali valori. La dignità, per esempio, rimane molto importante. Un mafioso che tenta di impiccarsi nella cella del carcere è destinato a essere eliminato, poiché ha dimostrato di non essere capace di sopportare la durezza della vita carceraria e quindi, in generale, una qualsiasi situazione difficile. Un mafioso che lascia trapelare dei segni di disagio psicologico e quindi dimostra mancanza di sicurezza, rischia di essere messo a tacere per sempre.

Lo stesso meccanismo di espulsione, praticamente, che si ritrova tra gli eschimesi e presso altri popoli che abbandonano i vecchi, i malati gravi, i feriti perché intralciano il loro cammino in una terra ostile, mettendo in pericolo la sopravvivenza di tutti. In un gruppo come la mafia, che deve difendersi dai nemici, chi è debole o malato deve essere eliminato.

Tanto ci aiuta a capire perché il mafioso non parla, non lascia mai trapelare una emozione o un sentimento. Antonino Calderone mi ha raccontato che Tommaso Buscetta è rimasto per tre anni rinchiuso nella stessa cella con il mafioso Giuseppe Sirchia che gli aveva ucciso un carissimo amico, Bernardo Diana. Per tre lunghi anni non ha mai manifestato nei suoi confronti alcuna animosità, alcun risentimento, non gli ha detto niente né gli ha fatto niente. Straordinario, no? Buscetta sapeva che Sirchia era stato condannato da Cosa Nostra, che sarebbe stato certamente ucciso, come infatti è avvenuto in seguito, e bastava questo per dargli la forza di sapere attendere il momento della vendetta.

L'atteggiamento nei confronti della morte è ancor più significativo. Perché nessuno piange Salvatore Inzerillo, assassinato a quarant'anni? Non perché non avesse amici e neppure perché nessuno intendesse vendicarlo. Al contrario, perché tutti i membri di Cosa Nostra avevano per lui un'ammirazione rispettosa: ha vissuto da leone ed è morto in piedi. Per un uomo d'onore morire assassinato non è certo piacevole, ma può essere fonte di grande prestigio. I suoi discendenti possono essere fieri di lui.

Il fratello di Salvatore, Santo Inzerillo, è stato strangolato con un cappio nel 1981, pochi giorni dopo la morte del congiunto. Era stato catturato dai «Corleonesi» insieme con il suo compare Mimmo Teresi; questi piangeva mentre stavano per ucciderli, più per rabbia che per paura, e Santo gli intima seccamente: «Smettila di piangere e di' a questi cornuti di sbrigarsi». I suoi figli potranno vantarsi di avere avuto un padre che non temeva la morte.

Per strano che possa sembrare, anche coloro che lo hanno strangolato hanno tratto prestigio dalla dignità della vittima, dal momento che hanno ucciso un uomo degno del massimo rispetto. Misurarsi con una persona di prestigio è fonte di gloria, ucciderla ancora di più, esserne uccisi è onorevole. Trovo in questo una singolare analogia con la storia raccontata nel film americano *Corvo Rosso, non avrai il mio scalpo*, che rappresenta lo strano rapporto instauratosi fra un cacciatore solitario e una tribù indiana a lui ostile.

Quando si parla di siffatti comportamenti pubblici e privati dei mafiosi apparentemente contraddittori, quando si pone l'accento sul loro rispetto formale per le apparenze accompagnato da un forte senso di appartenenza, la conclusione più ovvia è: ecco la doppia morale tipica della mafia. In realtà non si tratta proprio di una doppia morale. O meglio si tratta della doppia morale comune a tutti i siciliani, che l'organizzazione mafiosa sublima a livello criminale. Per lungo tempo si sono confuse la mafia e la mentalità mafiosa, la mafia come organizzazione illegale e la mafia come semplice modo di essere. Quale errore! Si può benissimo avere una mentalità mafiosa senza essere un criminale.

Quanto alla doppia morale, o doppiezza dell'anima siciliana, è un retaggio della storia, dei tempi in cui la Sicilia doveva difendersi dal mondo esterno, inventandosi un modo di essere che permettesse di resistere all'occupante e di sopravvivere. Gli invasori qui sono arrivati da ogni dove, e ogni volta ci si è dovuti adattare, o almeno far finta di adattarsi, in attesa che andassero via. Alla fine se ne sono andati, lasciandoci però in eredità un temperamento che definirei misoneista, fatto di apparente sottomissione e di fedeltà alle tradizioni, unite a un orgoglio delirante. Il risultato è che i siciliani adottano e assimilano qualsiasi novità ma in funzione di criteri e di scelte utilitaristiche del tutto personali.

Su tale antico retaggio il mafioso ha costruito la sua particolare forma di misoneismo. Affetta un estremo rispetto nei confronti della società. Sa perfettamente di dover vivere nell'ambito di strutture sociali, amministrative e politiche molto più forti della sua organizzazione, il che lo spinge a simulare cortesia, a mostrare una deferenza ipocrita. È l'atteggiamento di chi sa di trovarsi in situazione di inferiorità (in termini di strutture e di rapporti di forza, lo ripeto, non di valori), è consapevole che in caso di guerra — guerra vera — verrebbe inevitabilmente sconfitto e deve dunque accontentarsi della guerriglia e, soprattutto, disporsi a subire la legge dominante.

Appena la presenza dello Stato in Sicilia si indebolisce, il livello di scontro di alza. E il mafioso diventa più sicuro di sé, più convinto della propria impunità. Il dialogo Stato/mafia, con gli alti e bassi tra i due ordinamenti, dimostra chiaramente che Cosa

81

Nostra non è un anti-Stato, ma piuttosto una organizzazione parallela che vuole approfittare delle storture dello sviluppo economico, agendo nell'illegalità e che, appena si sente veramente contestata e in difficoltà, reagisce come può, abbassando la schiena. Non dimentichiamo che la mafia è l'organizzazione più agile, duttile e pragmatica che si possa immaginare, rispetto alle istituzioni e alla società nel suo insieme.

Quel che dico, me ne rendo conto, può suonare paradossale. Partendo dalla doppia morale della mafia sono arrivato allo Stato — ma come evitare di parlare di Stato quando si parla di mafia? — e alla constatazione che la mafia si alimenta dello Stato e adatta il proprio comportamento al suo. In quanto prodotto della sicilianità, la mafia, al pari dei siciliani in genere, si sente ferita dal disinteresse dello Stato e dagli errori perpetrati dalle istituzioni a danno dell'isola. E quanto più lo Stato si disinteresserà della Sicilia e le istituzioni faranno marcia indietro, tanto più aumenterà il potere dell'organizzazione.

La doppia morale che non impedisce il rispetto della parola data è la morale del «popolo degli uomini», come si autodefinivano anche i Sioux. Non rubare, non desiderare la donna d'altri, sono regole che valgono nell'ambito della propria etnia. I film e i libri più recenti ci hanno fatto capire che le atrocità commesse dai Sioux o dai pellerossa in genere contro i colonizzatori bianchi avevano una loro logica e un senso per il loro popolo. Quante analogie tra gli eroi di *Balla coi lupi* e i siciliani, anche quando la loro cultura viene esasperata e manipolata da Cosa Nostra!

Gli uomini d'onore non sono né diabolici né schizofrenici. Non ucciderebbero padre e madre per qualche grammo di eroina. Sono uomini come noi. La tendenza del mondo occidentale, europeo in particolare, è quella di esorcizzare il male proiettandolo su etnie e su comportamenti che ci appaiono diversi dai nostri. Ma se vogliamo combattere efficacemente la mafia, non dobbiamo trasformarla in un mostro né pensare che sia una piovra o un cancro. Dobbiamo riconoscere che ci rassomiglia.

Coloro che hanno ripudiato Cosa Nostra hanno compreso quale cultura di morte essa diffonde ed esalta e hanno scelto la vita. Francesco Marino Mannoia sospirava rievocando di fronte a me l'epoca della sua affiliazione: «Che tragedia! E dire che mi piacevano tanto le belle donne e le Ferrari!». E ricordava i viaggi a Napoli per rilassarsi e divertirsi, per «fare la bella vita», come si dice. Ho spesso cercato di immaginarmi la sua esistenza di «chimico della mafia», che trascorre le giornate a raffinare decine di chilogrammi di morfina-base, chiuso in un laboratorio di fortuna, scomodo, insalubre, puzzolente. Ho cercato di immaginare la sua vita in prigione, lui che apparteneva al campo dei perdenti nella guerra di mafia, che aveva lavorato per tutti e si ritrovava rinchiuso in una cella con i peggiori nemici della sua «famiglia», Santa Maria di Gesù. Ho cercato anche di immaginare i rapporti di affetto che lo legavano al fratello Agostino, affiliato invece alla famiglia di Ciaculli, alleata ai vincitori, il quale, malgrado la scelta di campo, sarebbe stato assassinato dai «Corleonesi» e dai loro alleati. E ho quindi tentato di ricostruire il suo itinerario psicologico.

Per motivi interni a Cosa Nostra, Mannoia aveva

dovuto sposare Rosa, figlia del boss Pietro Vernengo, pur essendo innamorato di un'altra donna, Rita, che tra l'altro aspettava un figlio da lui. Non se lo è mai perdonato, si porta dietro un rimorso cocente per quella storia. Alla fine Rita è stata la compagna del suo percorso di pentito, conducendo magistralmente le trattative con Gianni De Gennaro per la sua resa. Egli non ha mai cessato di amarla e da lei ha avuto un altro figlio.

Mannoia ha fatto un ragionamento molto semplice, che si è sovrapposto al suo tormento morale e sentimentale: «Mi hanno ucciso il fratello, che era la pupilla dei miei occhi; hanno ucciso in carcere Vincenzo Puccio, capo della famiglia di Ciaculli, che cercava di guidare la riscossa dei palermitani contro i "Corleonesi"; è chiaro che ormai è giunto il mio turno. Se voglio rifarmi una vita accanto a Rita, devo parlare».

Mannoia ha quindi scelto la vita. Ma non perché avesse paura della morte. A un certo punto della sua esistenza, ha preferito l'amore ai tradizionali valori familiari conformi al codice mafioso. Ha scelto quello che di vitale e gioioso rappresentava la possibilità di proteggere la sua compagna e i suoi figli.

Credo che il suo percorso sia rivelatore. Consente di capire il ruolo essenziale che hanno recitato le donne accanto ai mafiosi che rifiutano la mafia. La lettura delle trascrizioni delle conversazioni telefoniche registrate dalla polizia ci rivela una quantità di notizie sui rapporti tra marito e moglie. Sull'affetto immenso per i figli, sul calore incredibile dei rapporti familiari, tutte cose sorprendenti in gente spietata, abituata a usare le armi. E lo straordinario pudore tra gli sposi, la discrezione dei colloqui. Mai una volta una donna ha fatto una domanda imbarazzante o troppo diretta. Commenta un avvenimento, per esempio il maxiprocesso, ma non dice mai una parola che possa rassomigliare a un indizio o possa far pensare a un'ammissione di colpevolezza.

La moglie di Calderone è in tal senso un perfetto esempio di «donna di uomo d'onore», affettuosa, discreta, convincente, senza dire mai una parola di troppo, animata da una devozione senza limiti.

Calderone venne arrestato a Nizza. Lei mi chiamò da lì, lei siciliana, moglie di mafioso: «Venga a interrogare mio marito, ha molte cose da dirle». Aveva già discusso con lui tutti i minimi particolari della sua collaborazione con la giustizia.

Anche la moglie di Buscetta, Cristina Guimaraes, che non è né siciliana né mafiosa ma brasiliana, è stata bravissima nel partecipare al travaglio interiore del marito. Si è presa tutto il tempo necessario per convincerlo, gli è stata accanto ininterrottamente. Il tentato suicidio — autentico — di Buscetta era un atto d'amore per lei: voleva smettere di darle problemi, smettere di renderle la vita impossibile.

Ne ho dedotto che le donne, che in passato hanno raramente avuto una parte decisiva nella vita dei mafiosi — i quali si accontentavano di una famiglia di tipo matriarcale dove la sposa, senza mai venire informata di alcunché, sapeva tutto, ma stava zitta — le donne, dicevo, hanno assunto un ruolo determinante: decise e sicure di sé, sono diventate il simbolo di quanto c'è di vitale, gioioso e piacevole nell'esistenza; sono entrate in rotta di collisione con il mondo chiuso, oscuro, tragico, ripiegato su se stesso e sempre sul chi vive di Cosa Nostra.

Alcune donne, purtroppo non rare, non si sono

ancora schierate con la cultura della vita. Penso alla moglie di Vincenzo Buffa, che aveva cominciato a collaborare con me. Ho commesso l'errore di permettergli di parlare con lei, come egli chiedeva insistentemente. E lei l'ha convinto a ritrattare, a rimangiarsi le sue dichiarazioni. Ha perfino organizzato una specie di rivolta delle mogli nell'aula bunker del maxiprocesso a Palermo: piangevano, urlavano, protestavano a gran voce non contro quel Buffa che voleva infrangere l'omertà, ma contro i giudici che lo avevano «costretto» a comportarsi a quel modo.

La cultura della morte non appartiene solamente alla mafia: tutta la Sicilia ne è impregnata. Da noi il giorno dei morti è festa grande: offriamo dolci che si chiamano teste di morto, fatti di zucchero duro come pietra. Solitudine, pessimismo, morte sono i temi della nostra letteratura, da Pirandello a Sciascia. Quasi fossimo un popolo che ha vissuto troppo e di colpo si sente stanco, spossato, svuotato, come il Don Fabrizio di Tomasi di Lampedusa. Le affinità tra Sicilia e mafia sono innumerevoli e non sono io certamente il primo a farlo notare. Se lo faccio, non è certo per criminalizzare tutto un popolo. Al contrario, lo faccio per far capire quanto sia difficile la battaglia contro Cosa Nostra: essa richiede non solo una solida specializzazione in materia di criminalità organizzata, ma anche una certa preparazione interdisciplinare.

Torniamo alle affinità, al fatalismo, al senso sempre presente della morte e ad altri tipi di comportamento sociale e individuale. La riservatezza, per esempio, l'abitudine a nascondere i propri sentimenti e qualsiasi manifestazione emotiva. In Sicilia è del tutto fuori luogo mostrare in pubblico quello che proviamo dentro di noi. Siamo lontani mille miglia dalle tipiche effusioni meridionali. I sentimenti appartengono alla sfera del privato e non c'è ragione di esibirli. Io stesso in un certo qual senso condivido tale mentalità. Hanno perfino scritto che sono freddo come un serpente...

La loro naturale riservatezza spinge i siciliani a non immischiarsi nei «fatti altrui», il che è un bene e un male allo stesso tempo. È un fatto che intromettersi, immischiarsi, impicciarsi in faccende altrui causa spesso fastidi.

Nell'agosto 1984 interrogavo Tommaso Buscetta in un locale soffocante, surriscaldato, all'ultimo piano, proprio sotto il tetto, della Questura di Roma. Morivamo letteralmente per il caldo. Dai piani inferiori, dove si trovavano gli appartamenti degli agenti, saliva la cacofonia della musica delle radio a tutto volume. Insopportabile. Chiamo uno degli agenti di guardia e gli espongo il problema. Risponde che cercherà di convincere i colleghi ad abbassare il volume. Ma non succede niente. Allora Buscetta si alza e chiude la finestra. Chiedo perché. Risponde: «Perché, signor giudice, se gli agenti continuano a far rumore, lei dovrà intervenire in modo più energico e magari far punire qualcuno. Se chiudo la finestra, non sentiamo più il rumore e lei non deve intervenire». Ragionamento tipicamente mafioso e tipicamente siciliano: mai mettersi nella condizione di dover mostrare apertamente la propria forza e il proprio potere.

Altra abitudine siciliana: i regali. È incredibile quanti regali si fanno in Sicilia. Perché il regalo è segno tangibile di rispetto: più se ne ricevono più si è certi di essere un personaggio importante, ammirato, venerato.

Mannoia diceva volentieri: «Lavorare nella droga è un business, un business che paga, e io che raffino morfina-base per miliardi non devo fare un regalo di cinquanta milioni al mio capo famiglia?». Il regalo rientra nelle normali attestazioni di stima. Se un uomo d'onore di Santa Maria di Gesù vuole comprare una casa a Ciaculli, nel territorio dei Greco, non solo chiederà l'autorizzazione al capo di questa famiglia, ma gli farà anche un dono degno della sua posizione. Ancora: quando Giuseppe Calderone, della famiglia di Catania, protettore dei costruttori immobiliari Costanzo, riceve i capimafia dei territori dove i Costanzo devono costruire, discute con loro i regali che verranno fatti alla locale famiglia di Cosa Nostra.

Si possono fare regali anche a persone al di sotto di sé sulla scala sociale. Si può regalare una Mercedes o un Rolex ai quadri di grado inferiore dell'organizzazione. Si può dimostrare una certa generosità nei confronti della famiglia del taldeitali che è in prigione o fare un versamento sul suo libretto di risparmio.

Il regalo, al di là del suo aspetto munifico, riflette precisi rapporti economici e di potere. Se l'avvocato taldeitali accetta di assumere la mia difesa in un processo e poi rifiuta per rispetto o per amicizia di essere pagato dicendo: «Mi farà un regalo», non solo gli farò dei regali, ma resterò comunque suo debitore. Un modo come un altro per creare amicizie durature. Nella mafia e al di fuori di essa.

La rilevanza di una tale «promiscuità» tra mafia e società siciliana non è sempre chiara. Palermo è al riguardo un tipico esempio. Io vi ho vissuto fino all'età di venticinque anni e conoscevo a fondo la città. Abitavo nel centro storico, in piazza Magione, in un edificio di nostra proprietà. Accanto c'erano i *catoi*, locali umidi abitati da proletari e sottoproletari. Era uno spettacolo la domenica vederli uscire da quei buchi, belli, puliti, eleganti, i capelli impomatati, le scarpe lucide, lo sguardo fiero.

Dopo tredici anni di assenza, sono tornato a Palermo nel 1978 e ho trovato una città che aveva cambiato faccia. Il centro storico era stato quasi abbandonato. E nella Palermo liberty[1] le ultime splendide ville erano state demolite per far posto a brutti casermoni. Ho trovato quindi una città deturpata, involgarita, che in parte aveva perso la propria identità. Sono andato ad abitare in via Notarbartolo, una strada che scende verso via della Libertà, il cuore di Palermo. L'amministratore dello stabile per prima cosa mi ha spedito una lettera ufficiale che in relazione alla mia presenza in quell'immobile e nel timore di attentati ammoniva: «L'amministrazione declina ogni responsabilità per i danni che potrebbero essere recati alle parti comuni dell'edificio...». Un giorno, arrivato davanti a casa, con il mio solito seguito di sirene spiegate, purtroppo, di auto della polizia e di agenti con le armi in pugno, ho avuto il tempo di sentire un passante sussurrare: «Certo che per essere protetto in questo modo, deve aver commesso qualcosa di malvagio!».

Ma sto divagando su Palermo. Ne ho parlato per evocare la straordinaria contiguità economica, ideologica, morale tra mafia e non-mafia e la commistione inevitabile tra valori siciliani e valori mafiosi, tra appartenenti all'organizzazione e cittadini comuni. Mi viene in mente una mia compagna di scuola. Aveva-

---

[1] Zona di Palermo costruita tra la fine dell'Ottocento e gli inizi del Novecento, ricca di edifici tipici dell'epoca.

mo entrambi quattordici anni e tutti la corteggiava-
no. Anch'io, ma senza successo. L'ho rivista a quarant'anni. Suo marito era stato arrestato con dieci
chilogrammi di eroina. Beninteso, ho rifiutato di oc-
cuparmi dell'istruttoria. Tutto questo per dire che la
mescolanza tra società sana e società mafiosa a Palermo è sotto gli occhi di tutti e l'infiltrazione di Cosa
Nostra costituisce la realtà di ogni giorno.

Sono stato compagno di classe anche di Franco
La Parola, imprenditore edile ucciso nel 1984. Anda-
vamo al Liceo Umberto. E ho giocato a ping-pong
con uno che è stato condannato a trent'anni di reclu-
sione per traffico di stupefacenti dal tribunale di Fi-
renze, Tommaso Spadaro. L'avevo conosciuto in
un'associazione cattolica di quartiere che i miei geni-
tori mi facevano frequentare. Ho rivisto Spadaro dopo l'arresto nel 1983. L'ho fissato e ho notato un im-
percettibile movimento degli occhi. Mi aveva ricono-
sciuto. Procedo all'interrogatorio e, al termine, gli dico: «Abbiamo giocato a ping-pong insieme». Il viso
gli si illumina: «Le legnate che le ho dato!».

La cosa più difficile da combattere è proprio questa contiguità, soprattutto quando diventa rapporto
di interesse o di potere.

Penso ai Costanzo, ricchi imprenditori di Catania, come li descrive Antonino Calderone. Lui e suo
fratello Giuseppe erano responsabili della sicurezza
dell'azienda e degli stessi titolari. Certo, le grandi società hanno servizi di sicurezza non sempre limpidi, a
Milano come a Francoforte e negli Stati Uniti, dove
può capitare che ex agenti dello Fbi si trovino a fianco di ex delinquenti. A Catania i Costanzo erano
dunque stati «scelti» dai Calderone per essere protetti. Non è un delitto, ragionando in astratto, ma se

scendiamo nel concreto la cosa può assumere tutt'altro aspetto.

Questi grandi imprenditori versavano un «pizzo», una tangente, alla mafia di Catania in cambio della protezione dei cantieri. È un fatto innocuo? Certamente no, perché l'imprenditore sa bene che lo Stato ha il monopolio dell'esercizio della forza per cui egli, affidando tale esercizio ai mafiosi, attribuisce loro un potere che non può delegare e che essi non possono esercitare. E sa perfettamente che cosa questo comporta: se qualcuno si presenterà in cantiere o in ufficio a chiedere a sua volta una tangente, i mafiosi reagiranno con l'intimidazione, la violenza, forse l'omicidio.

Non basta quindi dire che i Costanzo e quelli come loro, immersi nella realtà siciliana, non possono agire diversamente. Non ci si può accontentare di affermare che, dato che essi verosimilmente non fanno parte di Cosa Nostra, non hanno commesso alcuna azione illegale. Tanto più che l'incarico conferito a Giuseppe Calderone e ai suoi «amici» comprendeva tutta una serie di atti significativi. È che i Costanzo, sempre secondo la confessione di Antonino Calderone, avevano acquistato una riserva di caccia nei dintorni di Catania destinata agli uomini d'onore, come segno di gratitudine per l'efficacia della loro protezione. E avevano prestato i locali dei loro uffici per riunioni mafiose. Non potevano ignorare la natura del loro sistema di protezione quando vincevano una gara d'appalto a Trapani o a Palermo, al di fuori della loro zona ordinaria di attività. E infatti Giuseppe Calderone, il protettore, si recava in avanscoperta in quelle città, prendeva con la locale Cosa Nostra accordi grazie ai quali i cantieri si potevano aprire senza temere che subissero danni. Riassumendo, i Costanzo non potevano ignorare che la loro tranquillità dipendeva sì dal pagamento di una tangente, ma soprattutto dall'uso dell'intimidazione e della minaccia.

Come andavano le cose in concreto? Come si muoveva Giuseppe Calderone? Capomafia di Catania, andava a trovare i suoi corrispondenti di Palermo o di Trapani e con loro avviava una lunga trattativa: «Stabiliamo tra noi le somme che i Costanzo devono pagare...». Fissato il prezzo, versato il «pizzo», i capi di Trapani e di Palermo garantivano l'intangibilità dei cantieri dei Costanzo. La procedura è la stessa per quasi tutte le imprese che vogliono operare al di fuori della zona di origine (dove godono della protezione del capomafia locale) e avventurarsi in territorio ignoto, dove avranno bisogno di essere protette contro scorrerie e appetiti. Può capitare che si debba anche ricorrere all'omicidio per garantire il rispetto di questo «contratto di assicurazione a copertura completa». In questi casi, la contiguità può diventare un delitto.

Giuseppe Calderone raccontava al fratello Antonino che Pasquale Costanzo, detto Gino, aveva tutte le «qualità», o perlomeno tutte le caratteristiche, per essere un uomo d'onore. Ma ammetterlo nella famiglia di Catania non sarebbe stato per lui un grande affare. Entrando a far parte di Cosa Nostra, nella sua posizione di imprenditore, sarebbe diventato la meta della processione di tutti gli uomini d'onore, investiti del diritto di chiedergli aiuti e favori. E se avesse rifiutato, sarebbe stato poi necessario espellerlo dalla famiglia, privandolo così della protezione di Cosa Nostra.

Giuseppe Calderone aggiungeva di essere riuscito a bandire, nell'ambito di Cosa Nostra, i sequestri di persona (che i «Corleonesi» tendevano a moltiplicare), per la semplice ragione che non disponeva di sufficienti forze per garantire al cento per cento la sicurezza dei Costanzo, i cui figli erano possibili vittime di un rapimento. Quindi, per mettere al riparo i suoi protetti dal rischio di sequestri e conseguenti domande di riscatto, Calderone fece votare nel 1974, grazie all'aiuto e alla complicità dei palermitani anch'essi contrari a simili metodi, la prima «legge regionale» di Cosa Nostra.

Capisco benissimo che in termini generali si possa affermare: «I rapporti tra imprenditori e dirigenti di azienda con i mafiosi sono di difficile comprensione data la difficoltà di stabilire chi sia la vittima e chi il carnefice...». Può essere. Ma in ogni caso non è ammissibile sostenere che versare una percentuale sia un atto innocente: implica, nella migliore delle ipotesi, il riconoscimento dell'autorità mafiosa.

La mafia, lo ripeto ancora una volta, non è un cancro proliferato per caso su un tessuto sano. Vive in perfetta simbiosi con la miriade di protettori, complici, informatori, debitori di ogni tipo, grandi e piccoli maestri cantori, gente intimidita o ricattata che appartiene a tutti gli strati della società. Questo è il terreno di coltura di Cosa Nostra con tutto quello che comporta di implicazioni dirette o indirette, consapevoli o no, volontarie o obbligate, che spesso godono del consenso della popolazione.

Stefano Bontate, quando alla fine degli anni Sessanta impartì l'ordine di far piazza pulita di tutti i ladri del suo quartiere, compì un'operazione di ordine pubblico che gli valse notevole credito agli occhi della popolazione locale. Quando, molto prima di lui, i mafiosi rurali avevano sostituito i vecchi latifondisti con i campieri, sorveglianti salariati delle terre dei primi, la popolazione aveva accolto con favore l'emarginazione di una classe di parassiti improduttivi.

Ma la mafia non è una società di servizi che opera a favore della collettività, bensì un'associazione di mutuo soccorso che agisce a spese della società civile e a vantaggio solo dei suoi membri. Mostra così il suo vero volto e si rivela per una delle maggiori mistificazioni della storia del Mezzogiorno d'Italia, per dirla con lo storico inglese Denis Mack Smith. Non frutto abnorme del solo sottosviluppo economico, ma prodotto delle distorsioni dello sviluppo stesso. A volte articolazione del potere, a volte antitesi dello Stato dominatore. E, comunque, sempre un alibi.

IV

Cosa Nostra

Si può sorridere all'idea di un criminale, dal volto duro come la pietra, già macchiatosi di numerosi delitti, che prende in mano un'immagine sacra, giura solennemente su di essa di difendere i deboli e di non desiderare la donna altrui. Si può sorriderne, come di un cerimoniale arcaico, o considerarla una vera e propria presa in giro. Si tratta invece di un fatto estremamente serio, che impegna quell'individuo per tutta la vita. Entrare a far parte della mafia equivale a convertirsi a una religione. Non si cessa mai di essere preti. Né mafiosi.

Al momento dell'iniziazione, il candidato o i candidati vengono condotti in una stanza, in un luogo appartato, alla presenza del «rappresentante» della «famiglia» e di altri semplici uomini d'onore. Spesso, questi ultimi sono schierati su un lato, mentre gli iniziandi stanno dall'altro. A volte i candidati vengono tenuti chiusi in una stanza per alcune ore e sono poi fatti uscire uno per volta. A questo punto il rappresentante della famiglia espone ai futuri uomini d'onore le norme che regolano l'organizzazione, affermando prima di tutto che quella che comunemente viene detta mafia si chiama, in realtà, Cosa Nostra. Avverte quindi i nuovi venuti che sono ancora in tempo a rinunciare all'affiliazione e ricorda loro gli ob-

blighi che comporta l'appartenenza all'organizzazione fra cui: non desiderare la donna di altri uomini
d'onore; non rubare; non sfruttare la prostituzione;
non uccidere altri uomini d'onore, salvo in caso di assoluta necessità; evitare la delazione alla polizia; non
mettersi in contrasto con altri uomini d'onore; dimostrare sempre un comportamento serio e corretto;
mantenere con gli estranei il silenzio assoluto su Cosa
Nostra; non presentarsi mai ad altri uomini d'onore
da soli, in quanto le regole impongono che un altro
uomo d'onore, conosciuto da coloro i quali devono
mettersi in contatto, garantisca la rispettiva appartenenza a Cosa Nostra, pronunciando le parole: «Quest'uomo è la stessa cosa».

Esaurita la spiegazione dei comandamenti, riaf-
fermata dal candidato la volontà di entrare nell'organizzazione, il rappresentante invita i nuovi venuti a
scegliersi un padrino tra gli uomini d'onore presenti.
Ha quindi luogo la cerimonia del giuramento che
consiste nel chiedere a ognuno con quale mano spara
e nel praticargli una piccola incisione sul dito indice
della mano indicata, per farne uscire una goccia di
sangue con cui viene imbrattata una immagine sacra:
molto spesso quella dell'Annunziata, la cui festa cade
il 25 marzo e che è ritenuta patrona di Cosa Nostra.
All'immagine viene quindi dato fuoco e l'iniziato,
cercando di non spegnerlo mentre la fa passare da
una mano all'altra, giura solennemente di non tradire mai le regole di Cosa Nostra, meritando in caso
contrario di bruciare come l'immagine.

Mentre l'indice dell'iniziato viene punto, il rappresentante gli ingiunge in tono severo di non tradire
mai, perché si entra in Cosa Nostra col sangue e se
ne esce solo col sangue. Particolare curioso: in alcune

famiglie si usa per pungere l'indice una spina di arancio amaro; in altre, invece, una spilla, sempre la stessa (nella famiglia di Riesi il «rappresentante» aveva una spilla d'oro utilizzata esclusivamente per questo rituale); in altre ancora, una spilla qualsiasi.

Il rappresentante o capo della famiglia spiega quindi al neofita i livelli gerarchici della famiglia, della provincia e di Cosa Nostra nel suo insieme. Si sofferma sul «capo decina», il quale, come indica il titolo, è alla testa di dieci (o più) uomini d'onore e al quale l'iniziato farà direttamente capo. Non è ammesso alcun rapporto diretto con il rappresentante. Può tuttavia capitare, soprattutto nel Palermitano, che alcuni uomini d'onore dipendano direttamente da lui, diventando i suoi uomini di fiducia, incaricati dei compiti più delicati e segreti.

Queste sono, con piccole varianti da provincia a provincia, le regole dell'affiliazione come sono state descritte dai pentiti, anche se per necessità la cerimonia può venire abbreviata. In casi di urgenza sono sufficienti anche solo tre uomini d'onore, non importa se appartenenti a famiglie e province diverse. Antonino Madonia, secondo quanto ha raccontato il pentito Calderone, venne affiliato nella prigione dell'Ucciardone a Palermo alla presenza di tre uomini d'onore; e anche Nello Pernice ebbe una cerimonia di affiliazione molto affrettata con un padrino d'eccezione: Luciano Leggio in persona.

Non tutti possono aderire a Cosa Nostra. Quest'università del crimine impone di essere valorosi, capaci di compiere azioni violente e, quindi, di saper uccidere. Ma non è questa la qualità fondamentale. Sapere uccidere è condizione necessaria, ma non sufficiente. Molte altre devono essere soddisfatte. L'ap-

partenenza a un ambiente mafioso, i legami di paren-
tela con uomini d'onore costituiscono nella fase ini-
ziale un grande vantaggio. Tra le qualità indispensa-
bili richieste, il pentito Salvatore Contorno ricorda
l'essere di sesso maschile, il non avere alcun parente
in magistratura e nelle forze dell'ordine...

L'insulto più sanguinoso per un uomo d'onore
consiste nell'affibbiargli l'appellativo di «sbirro» o di
«infame». Ricordo in proposito che a Trapani negli
anni Sessanta, agli inizi della mia carriera, durante
un litigio tra Mariano Licari, boss di Marsala, e un
altro mafioso, «Sei uno sbirro» gridò il primo. E l'altro ribatté: «Se io sono uno sbirro, tu sei un carabi-
niere a cavallo». Ho capito, in quel momento, quale
viscerale avversione nutra il mafioso nei confronti dei
rappresentanti dello Stato.

Tommaso Buscetta, nelle sue confessioni, ha parlato di un'altra regola non scritta della mafia: le decisioni della Commissione devono essere eseguite a
qualsiasi costo e il capo della famiglia del territorio
su cui viene consumato il crimine deve esserne assolutamente informato. Ha aggiunto poi con tono ironico: «Nessuno troverà mai un elenco degli appartenenti a Cosa Nostra né alcuna ricevuta dei versamenti delle quote. Il che non impedisce che le regole del-
l'organizzazione siano ferree e universalmente riconosciute».

La cellula base di Cosa Nostra è la «famiglia»
con i suoi valori tradizionali: onore, rispetto dei vincoli di sangue, fedeltà, amicizia... Può contare anche
duecento o trecento membri, ma la media è di circa
cinquanta. Ogni famiglia controlla un suo territorio
dove niente può avvenire senza il consenso preventivo
del capo. Alla base vi è l'uomo d'onore, o il soldato,
che ha un suo peso nella famiglia indipendentemente

dalla carica che vi può ricoprire. Personaggi leggendari in seno a Cosa Nostra come don Calò Vizzini o Giuseppe Genco Russo o Vincenzo Rimi sono rimasti per tutta la vita soldati, a dispetto della loro influenza e del loro prestigio. Lo stesso è avvenuto nel caso di Tommaso Buscetta.

I soldati eleggono il capo, che chiamano rappresentante, in quanto tutela gli interessi della famiglia nei confronti di Cosa Nostra. L'elezione si svolge a scrutinio segreto ed è preceduta da una serie di sondaggi e di contatti. Quasi sempre l'elezione conferma all'unanimità il candidato prescelto. Una volta eletto, questi nomina un vice e a volte anche uno o più consiglieri. Tra capo e soldato si situa il capo decina.

Tutto ciò pone in rilievo quanto gerarchizzata sia la mafia. Altro livello gerarchico: i capi delle diverse famiglie di una medesima provincia (Catania, Agrigento, Trapani...) nominano il capo di tutta la provincia, detto rappresentante provinciale. Questo vale per tutte le province con l'eccezione di Palermo, dove più famiglie contigue su uno stesso territorio (in genere tre) sono controllate da un «capo mandamento», una specie di capo zona, che è anche membro della famosa Commissione o Cupola provinciale. A sua volta questa Cupola nomina un rappresentante alla Commissione regionale, composta di tutti i responsabili provinciali di Cosa Nostra: è questo il vero e proprio organo di governo dell'organizzazione. Gli uomini d'onore la chiamano anche «la Regione», con riferimento all'unità amministrativa.

La Regione emana i «decreti», vota le «leggi» (come per esempio quella che proibisce i sequestri di persona in Sicilia), risolve i conflitti tra le varie province. Prende inoltre tutte le decisioni strategiche.

Attorno a Cosa Nostra gravitano gruppi non mafiosi — come avveniva per il contrabbando di sigarette prima del traffico di droga — che sono generalmente coordinati da singoli uomini d'onore, ma che non fanno parte della mafia. Coordinamento, questo, avvenuto frequentemente anche nei confronti della malavita napoletana per risolverne gli innumerevoli contrasti interni e anche per assumere la direzione dei suoi affari a scopo di lucro. Questo si è verificato particolarmente negli anni Settanta quando Cosa Nostra arrivò fino a organizzare i turni per lo scarico delle navi contrabbandiere. Nel golfo di Napoli, infatti, entrava solo un'imbarcazione per volta, con un carico di 40/50.000 casse di sigarette. Il carico apparteneva ora alla Commissione nel suo insieme, ora al gruppo palermitano di Tommaso Spadaro, ora ai napoletani di Michele Zaza. Tali regole di ripartizione, molto precise, stabilite da Cosa Nostra, venivano rispettate da tutti.

L'organizzazione aveva quindi tutte le carte in regola per monopolizzare il controllo del traffico di stupefacenti destinati agli Stati Uniti. Alcuni gruppi si specializzarono nell'approvvigionamento di morfina-base dal Medio e dall'Estremo Oriente; altri si dedicarono esclusivamente alla trasformazione della morfina in eroina; altri ancora si consacrarono all'esportazione di droga negli Stati Uniti, dove la mafia dispone di solide teste di ponte. Tutti i gruppi facevano capo a uomini d'onore.

Ho parlato a lungo di Cosa Nostra, ma senza affrontare direttamente il problema di una sua definizione. A questo punto è necessario fare un po' di storia. Il fenomeno mafioso è noto da tempo e già alcuni scritti in materia, che risalgono a molti anni fa, ne avevano messo in evidenza le caratteristiche. Nel 1875-76, la commissione d'inchiesta Franchetti-Sonnino aveva stabilito che la mafia non ha uno statuto e non organizza riunioni, non ha capi pubblicamente riconosciuti, se non i più forti e i più abili; che esercita una grande influenza su qualsiasi forma di crimine, imprimendogli un carattere particolare che distingue la criminalità siciliana da tutte le altre.

In particolare, Franchetti e Sonnino sottolineavano come l'interesse dello Stato nella lotta alla mafia fosse episodico, mutevole, incerto. La diagnosi dei due onesti parlamentari verrà confermata nel tempo: lo Stato passerà da un tentativo di repressione serio, quello del prefetto Mori, alle dichiarazioni rassicuranti dei procuratori generali che inaugurano gli anni giudiziari.

Ma limitiamoci al dopoguerra. Nel 1956 la procura generale di Palermo dichiara che la delinquenza mafiosa è praticamente scomparsa; nel 1957 che i delitti sono la conseguenza di conflitti tra bande rivali; nel 1967 che la criminalità mafiosa è entrata in una fase di declino lento, ma sicuro; nel 1968 auspica l'allontanamento del mafioso dal suo habitat naturale, dato che fuori della Sicilia egli diventa inoffensivo...

Tutto questo per ricordare quanto il problema mafia sia stato sottovalutato nella nostra storia anche recente. La virulenza attuale di Cosa Nostra è in parte il frutto di questa sottovalutazione e di questa ignoranza. La mafia si caratterizza per la sua rapidità nell'adeguare valori arcaici alle esigenze del presente, per la sua abilità nel confondersi con la società civile, per l'uso dell'intimidazione e della violenza, per il numero e la statura criminale dei suoi adepti, per la sua capacità ad essere sempre diversa e sempre uguale a se stessa.

È necessario distruggere il mito della presunta nuova mafia o, meglio, dobbiamo convincerci che c'è sempre una nuova mafia pronta a soppiantare quella vecchia. Già alla fine degli anni Cinquanta si parlava di «mafiosi senza princìpi» che avevano trasformato la vecchia, rispettabile mafia contadina in un'organizzazione malavitosa implicata fino al collo nella speculazione edilizia. Allora si parlava di Tommaso Buscetta come del mafioso nuovo stile, privo di remore morali e di valori, quello stesso Buscetta che oggi viene indicato come un uomo d'onore vecchia maniera!

Tutte le volte che Cosa Nostra si converte ad attività più redditizie e sale il livello di pericolo sociale da essa rappresentato, non si sa far altro che parlare di nuova mafia. Una sentenza della Corte di Cassazione del 1977 afferma con incredibile sicurezza che la vecchia mafia non era una associazione criminale mentre la nuova lo è: altro contributo delle istituzioni alla non-comprensione del fenomeno e alla disinformazione. Da parte mia, ricordo che nel 1979 alcuni colleghi mi chiesero: «Ma tu credi davvero che la mafia esista?», mentre altri parlavano di «germinazione spontanea del fenomeno mafioso» anche lontano dalla Sicilia.

Magistrati e forze dell'ordine cercano di convincersi che l'attuale inefficienza dello Stato sia dovuta all'entrata in scena di una mafia più feroce e sofisticata della precedente. Ma la vecchia e nobile mafia è soltanto una leggenda. Ne sono prova gli episodi criminali più efferati e spettacolari del dopoguerra. Se tralasciamo la strage di Portella delle Ginestre e gli assassinii di diversi sindacalisti, possiamo ricordare: nel 1963, la prima guerra di mafia culmina nell'esplosione di una Giulietta imbottita di esplosivo che falcia sette carabinieri; nel 1969, il massacro di viale Lazio a Palermo mette in luce la crudeltà di Cosa Nostra; nel 1970 la mafia è implicata in un tentativo di colpo di Stato, il cosiddetto golpe Borghese; nel 1971 il procuratore della Repubblica di Palermo viene assassinato; nel 1974 il contrabbando di tabacco in massima espansione testimonia il raggiungimento di un livello che *avrebbe dovuto* suonare per le istituzioni come campanello d'allarme; nel 1980 Cosa Nostra controlla gran parte del traffico mondiale di eroina destinata agli Stati Uniti...

Non si è compreso, non si è voluto comprendere che dietro tali episodi vi era una sola e unica mafia. Eppure, basterebbe rileggere i rapporti di polizia degli anni Sessanta per scoprire che certi personaggi importanti, poi divenuti i capi, vi erano già citati; che la struttura di base dell'organizzazione era nota (si fa perfino menzione dei capi decina e dei rappresentanti).

Ma una cappa di silenzio cala ben presto sul fenomeno mafioso: gli anni Settanta sono gli anni del terrorismo. Tutti i migliori magistrati o quasi, il grosso delle forze dell'ordine, sono impegnati nella lotta contro le Brigate rosse e altre organizzazioni terroristiche. Pochi si interessano di mafia. Proprio allora prende il via il traffico di stupefacenti e la mafia si trasforma nella potenza che è oggi. Grave quindi l'errore commesso in un momento in cui si disponeva di tutte le informazioni e condizioni per capirla e combatterla.

Il passaggio da una mafia poco attiva in campo economico a una mafia sempre più aggressiva si consuma tra il 1974 e il 1977. Secondo Buscetta, il traffico di eroina viene allora controllato da tre famiglie di Palermo — quella di Porta Nuova con Nunzio La

Mattina; quella di Brancaccio, con Giuseppe Sàvoca; e quella di Pagliarelli, con Antonino Rotolo — le quali sfruttano abilmente le reti internazionali del contrabbando.

Negli anni seguenti, grazie alla debolezza della repressione, la mafia prospera in tutti i settori dell'economia. Si comincia a parlare di mafia degli appalti e dei subappalti, di mafia dei supermercati, di mafia dei negozianti, di mafia delle tangenti... come se esistesse una miriade di organizzazioni, una accanto all'altra. Come se la mafia non fosse una e indivisibile.

La verità è evidentemente un'altra. È sufficiente soffermarsi un attimo sulla grande guerra di mafia per capire il carattere unitario di Cosa Nostra. L'origine di tale guerra risale agli inizi degli anni Settanta, quando alcune famiglie realizzano vere e proprie fortune grazie al traffico di stupefacenti. Gaetano Badalamenti, all'epoca uno dei pochi grandi boss in libertà, getta le basi del commercio con gli Stati Uniti, in particolare con Detroit, dove ha la sua testa di ponte. Salvatore Riina, il «corleonese», se ne accorge nel corso di una conversazione con Domenico Coppola, residente negli Stati Uniti, da lui convocato appositamente in Sicilia. Ecco gettati i presupposti per lo scatenamento della guerra di mafia.

Si aggiunga che — secondo il pentito Antonino Calderone — anche Luciano Leggio, altro «corleonese» sottrattosi alla sorveglianza della polizia, in quegli stessi anni comincia da Catania a tessere una rete di nuove alleanze, peraltro valide ancora oggi. Gaetano Badalamenti, resosi conto di quanto si sta tramando contro di lui, decide di eliminare un certo numero di persone, in particolare Francesco Madonia della famiglia di Vallelunga (Caltanissetta) con cui Leggio appare legato a doppio filo. Nel gennaio 1978 Salvatore Greco detto «Cicchiteddu» (Uccellino), giunto dal Venezuela dove risiede, ma che ha conservato tutta la sua influenza su Cosa Nostra, incontra in una riunione a Catania Gaetano Badalamenti. Questi, accompagnato da Santo Inzerillo, suo amico fedele, solleva il problema dell'eliminazione di Francesco Madonia, aggiungendo che Giuseppe di Cristina, capo della famiglia di Riesi, è disposto a occuparsene.

Ma Cicchiteddu consiglia di soprassedere, di rimandare ogni decisione a data successiva e invita anzi di Cristina a lasciare la carica di capo famiglia e di «andare a riposarsi in Venezuela» con lui. Ripartito per Caracas, vi muore prematuramente, per cause naturali, il 7 marzo 1978.

Il 16 marzo Francesco Madonia viene ucciso, secondo le dichiarazioni di Antonino Calderone, da Giuseppe di Cristina e Salvatore Pillera (inviato di rinforzo dal catanese Giuseppe Calderone). Il 30 aprile 1978 è il turno però di Giuseppe di Cristina, assassinato nonostante un suo tentativo di mettersi in contatto coi carabinieri. Il 30 settembre 1978 viene ucciso Giuseppe Calderone e, fatto più importante, Gaetano Badalamenti viene «posato» dalla sua famiglia. Anche se non è ancora ricercato, decide di darsi alla macchia: teme di essere eliminato a sua volta. Nello stesso periodo Stefano Bontate, capo della famiglia di Santa Maria di Gesù e alleato di Badalamenti, dorme con la famiglia nella sua villa di Magliocco (Palermo) armato fino ai denti: anche lui si aspetta il peggio, che arriverà però solo nell'aprile 1981 perché la perfidia dei «Corleonesi» si esplica anche nel rinviare la vendetta a quando uno meno se l'aspetta.

Tutto questo per spiegare una sola cosa: dall'esterno si è creduto che l'imbarbarimento di Cosa Nostra provocato dal traffico di stupefacenti avesse scatenato la guerra di mafia del 1981-83 per questioni di denaro. Ma i fatti si sono svolti in modo diverso. Senza dubbio i contrasti interni si erano aggravati, ma la guerra venne a innestarsi in un contesto in cui la posta in gioco era molto più importante del traffico di droga.

Le rivalità risalivano a decine di anni prima e la guerra costituì soltanto l'epilogo di una vecchia storia, il momento della resa dei conti di annosi conflitti di famiglie e di territorio, e dunque di competenze, che mettono in discussione la tradizionale egemonia palermitana all'interno di Cosa Nostra. Fino a quel momento i rappresentanti delle famiglie del capoluogo erano stati di fatto i padroni di Cosa Nostra. Il problema sollevato dalla guerra di mafia è dunque un problema di potere.

La guerra si conclude con l'eliminazione sistematica di tutti coloro che sono considerati ostili alle mire di supremazia dei «Corleonesi» e dei loro alleati (e ne hanno avuti perfino tra i palermitani). Da tale spaventoso bagno di sangue, costato diverse centinaia di morti, Cosa Nostra è uscita, come Buscetta aveva pronosticato, con una struttura come mai prima di allora rafforzata, compatta, compartimentata, rigidamente gerarchica e clandestina. I ribelli e i più recalcitranti erano stati eliminati uno dopo l'altro.

La camorra napoletana e la 'ndrangheta calabrese, spesso chiamate anch'esse mafia, non hanno la struttura unitaria, gerarchizzata e a compartimenti stagni di Cosa Nostra. Entrambe hanno un'organizzazione per così dire orizzontale.

Nella 'ndrangheta la selezione avviene specialmente in funzione di rapporti soprattutto familiari, il che provoca guerre tra i clan e odii che si trasmettono di generazione in generazione. Specializzata in sequestri di persona — i rapimenti avvengono spesso al di fuori della Calabria e gli ostaggi vengono poi trasferiti sull'Aspromonte —, ha sviluppato un tipo di attività più arcaica, anche se non meno pericolosa di quella di Cosa Nostra. Ai sequestri vanno aggiunti il controllo delle gare di appalto e dei subappalti, l'imposizione di tangenti, il traffico di droga sempre crescente.

La camorra, conglomerato di organizzazioni locali, spesso in conflitto tra loro, ha fatto alcuni tentativi per unificarsi. Il più serio, a opera di Raffaele Cutolo, attualmente detenuto, si concluse con un mare di morti agli inizi degli anni Ottanta e con il risultato di fare prevalere di nuovo la logica organizzativa di tipo orizzontale. Obiettivo della camorra è il controllo di tutte le attività illegali sul territorio della Campania.

Durante un colloquio che ebbi con Tommaso Buscetta su camorra e 'ndrangheta, egli si espresse in maniera alquanto sibillina: «La camorra, non voglio neanche parlarne, non mi occupo di buffoni capaci perfino di arruolare guardie municipali. Quanto alla 'ndrangheta, ma è sicuro, signor giudice, che esista veramente?».

Credo di aver afferrato il senso di tali affermazioni. Buscetta voleva dire che, al di là delle apparenze, quelli che noi chiamiamo aggregazioni o raggruppamenti di organizzazioni criminali calabresi sono in realtà gruppi di persone legate solo da vincoli di sangue e da un comune atteggiamento di antagonismo allo Stato. E soprattutto voleva dire che le caratteristiche criminali del fenomeno calabrese si riallacciavano a una realtà che altro non era se non la mafia siciliana.

Mi spiego meglio. Attualmente, la criminalità organizzata in Calabria mostra di aver acquistato un certo respiro e la sua potenza supera di gran lunga le forze su cui può contare in loco. Stringendo accordi con la mafia siciliana, la 'ndrangheta si è trasformata ed è divenuta molto più pericolosa. Credo si possa dire che diversi capi della 'ndrangheta sono affiliati a Cosa Nostra. Una prova: quando il mafioso canadese Paul Violi venne in Sicilia agli inizi degli anni Sessanta, a Catania andò a trovare Giuseppe Calderone; e in Calabria si recò in visita da Paolo Di Stefano, considerato il capo della mafia locale.

Detto questo, fino a quando queste organizzazioni criminali manterranno una struttura orizzontale, scarsamente gerarchizzata, sarà un po' meno difficile combatterle. È quanto si è verificato a Napoli al tempo in cui da una parte c'era Raffaele Cutolo con la sua Nuova camorra organizzata e dall'altra quelli della Nuova famiglia. Alla luce dei rapporti e delle rivalità di ciascun gruppo, si dimostrò relativamente più semplice collegare gli assassini alle loro vittime. La repressione ha provocato un'ulteriore polverizzazione delle organizzazioni napoletane, il cui smantellamento definitivo si presenta oggi meno problematico, anche se la pericolosità delle stesse è tuttora elevata, anzi, crescente.

È interessante rilevare gli effetti contrastanti provocati dalla repressione negli anni Ottanta: mentre in Campania si polverizzano i gruppi criminali, in Sicilia Cosa Nostra si chiude a riccio. Se ne deve dedurre la necessità di adottare strategie differenziate: non si può, infatti, pensare che l'arresto dei boss camorristi locali avrebbe per i napoletani delle conseguenze equivalenti all'arresto di Salvatore Riina o Bernardo Provenzano per Cosa Nostra.

È necessario studiare strategie differenziate a seconda del tipo di mafia che si deve affrontare. Più un'organizzazione è centralizzata e clandestina più è temibile, perché dispone dei mezzi per controllare efficacemente il mercato e mantenere l'ordine sul suo territorio, con un intervallo brevissimo tra processo decisionale ed entrata in azione. Le cose vanno valutate diversamente in un'organizzazione frazionata in più centri di potere.

Il ragionamento vale anche a livello internazionale. Una cosa è la situazione attuale, in cui le organizzazioni criminali di alcuni paesi concludono accordi limitati, di portata locale; un'altra l'eventuale evoluzione della criminalità organizzata verso un patto federativo di vaste dimensioni. Immaginiamo che i lupi grigi turchi in Germania si alleino con i mafiosi siciliani e con quelli di Stati Uniti e Australia e con le triadi cinesi del Nordamerica, gli uni e gli altri muovendosi sulle tradizionali rotte di emigrazione, che restano i canali più sicuri della criminalità internazionale...

Il problema è serio, anche se per il momento sembra astratto e puramente teorico. Per sopravvivere e svilupparsi la criminalità organizzata ha bisogno di appoggiarsi a particolarismi locali e culture arcaiche, che le garantiscano una sufficiente impermeabilità nei riguardi del mondo esterno, e di creare nello stesso tempo modelli universalmente validi su cui basare i futuri accordi internazionali. Nella pericolosissima prospettiva di una omologazione dei modelli di organizzazione criminale, in cui si arrivasse al punto di non distinguere più tra i metodi degli yakuza, delle triadi cinesi e di Cosa Nostra, si attuerebbe un modello di mafia universale ed io mi chiedo come ci si potrebbe opporre. Per intanto, comincia a prendere forma questo modello unitario, fondato sulla forte tradizione dei gruppi etnici; su una straordinaria capacità di controllare il territorio e di attuare le decisioni prese; sullo sviluppo di forme di commercio primitivo, tipo il baratto di un tempo. Un mafioso siciliano potrebbe cedere (del resto lo fa già) un chilogrammo di eroina, pura all'ottanta per cento, a un membro dei vari cartelli colombiani in cambio di tre chili di cocaina: e ci guadagnerebbero entrambi, in quanto la merce verrebbe distribuita su mercati diversi. Il profitto deriverebbe dal fatto che i prezzi mutano nei diversi paesi.

Fortunatamente esiste finora un grosso ostacolo a questa grandiosa unificazione: la barriera linguistica. Come fanno a comunicare persone che parlano il dialetto siciliano con altre che si esprimono nel cinese di Canton o di Hong Kong? E dato che, per quanto ne so, non esiste ancora l'esperanto della criminalità organizzata, possiamo ben sperare...

Ho soltanto fatto un accenno a Cosa Nostra americana e alle mafie dell'Est. Non a caso. Anche se la mafia sovietica (e degli altri paesi dell'ex blocco comunista) pone problemi molto seri — le vie dei Balcani vengono, già da tempo, ampiamente utilizzate dai trafficanti di eroina, che si appoggiano a criminali locali relativamente agguerriti —, non esiste all'Est una organizzazione paragonabile a Cosa Nostra. Senza dubbio il crollo delle barriere statali e ideologiche porterà ad un inevitabile incremento dei traffici illegali, ma la mafia sovietica, per il momento, è soprattutto un fenomeno di corruzione amministrativa generalizzata. Non si può fare di ogni erba un fascio e chiamare mafia quello che non lo è, altrimenti ci dimostreremmo incapaci di elaborare strategie differenziate e le nostre azioni si rivelerebbero meno incisive.

Cosa Nostra americana merita maggiore approfondimento, anche se i suoi rapporti con quella siciliana sono oggi distanti. All'origine era una semplice filiale dell'organizzazione siciliana, nata nel solco dei movimenti migratori dal meridione d'Italia verso il Nuovo Mondo, con l'obiettivo di opporsi alle angherie degli altri gruppi etnici, apparentemente più forti e meglio organizzati.

Con il passare del tempo, pur senza perdere la propria identità originaria, Cosa Nostra americana si è evoluta. Buscetta mi ha raccontato, ad esempio, di aver assistito negli Stati Uniti al secondo matrimonio di un mafioso cui erano presenti i figli di primo letto: cosa del tutto impensabile in Sicilia.

Le due organizzazioni hanno dunque mutato abitudini e mentalità in funzione dei paesi in cui si sono sviluppate. La duplice evoluzione si è risolta in pratica in una progressiva autonomia, oggi totale, della mafia americana. Anche nel genere di attività: se gli americani fanno dello sfruttamento delle case da gioco e della prostituzione una delle loro principali attività, i siciliani si rifiutano; se gli americani si sono specializzati nei mercati illegali, i siciliani tendono a mischiare il legale e l'illegale, e, pur non organizzando il traffico di droga sul proprio territorio, vi partecipano a titolo individuale con temibile efficienza.

113

Nel 1957, durante una famosa riunione all'Hôtel des Palmes a Palermo, arrivarono alcuni inviati speciali di Cosa Nostra americana che, in completa autonomia, dettero il loro parere ai colleghi siciliani: per risolvere i vostri conflitti interni e unificare l'organizzazione, è vostro interesse fare come noi, creando una Commissione centralizzata in cui siedano i rappresentanti di tutte le famiglie.

Altra tangibile prova di autonomia fra le due organizzazioni di Cosa Nostra: nel corso di una conversazione telefonica del 1972, registrata da microfoni spia installati nel bar latteria del mafioso Paul Violi a Montreal, questi conferma che il tempo delle «equivalenze» è finito. Un tal Carmelo Cuffaro, uomo d'onore di Agrigento, va a trovarlo nel suo bar e parlano un po' della situazione siciliana. «A Palermo è tutto sottosopra?» s'informa Violi, che chiede poi notizie di alcuni uomini d'onore e della situazione del mercato internazionale.

Si capisce subito dalla registrazione che Violi appartiene alla mafia americana (è il capo dei membri della famiglia Bonanno residenti a Montreal, sorta di appendice di Cosa Nostra americana in terra canadese). Spiega a Cuffaro: «Non credere di sbarcare qui e di metterti a fare quello che ti pare. Ti sorveglieremmo, seguiremmo i tuoi movimenti attentamente e solo se giudicassimo il tuo comportamento a posto, faremmo quel che va fatto perché tu potessi entrare». In altre parole, Paul Violi conferma che non è più come una volta e che l'ammissione dei siciliani a Cosa Nostra d'oltre Atlantico non è ormai più automatica come un tempo.

Piccola parentesi: questa interessante conversazione in dialetto siciliano, tradotta in inglese, viene trasmessa in Italia nel 1976. Passa attraverso diversi uffici del ministero dell'Interno prima di approdare al tribunale di Agrigento competente per la vicenda Cuffaro, dove non viene subito utilizzata. Un giorno del 1984, subito dopo l'interrogatorio di Buscetta, mi telefona per fortuna un solerte magistrato di Agrigento: «Ho qui alcune traduzioni di registrazioni fatte in Canada nel 1972 che hanno tutta l'aria di confermare quello che dice Buscetta...».

Un altro aneddoto dimostra l'autonomia delle due mafie, quella americana, che si rifiuta per principio di farsi coinvolgere nel traffico di droga, ma chiude un occhio sugli uomini d'onore che vi partecipano, e Cosa Nostra in Sicilia che — non va dimenticato — non è, come organizzazione, parte in causa in tale traffico, anche se uomini e famiglie se ne occupano a titolo personale ma utilizzando le reti e il sostegno dell'organizzazione. Agli inizi di una indagine, che si svolgeva parallelamente negli Stati Uniti e in Italia, avevamo individuato mafiosi americani e alcuni siciliani implicati nel traffico di droga e appartenenti inequivocabilmente a Cosa Nostra isolana.

Siamo nel 1987: ci viene dunque segnalato un movimento tra Marsiglia, Palermo e gli Stati Uniti. La polizia parla dell'organizzatore del traffico come di un appartenente alla mafia siciliana. Ma una telefonata intercettata tra un uomo e la moglie ci fa accorgere della presenza nel traffico anche di mafiosi americani. Lei lo prega insistentemente di occuparsi del pagamento di una consegna (una partita di droga sequestrata dalla polizia) e lui risponde: «Niente da fare, il consiglio di amministrazione dell'ospedale non lo consente». Traduzione: la mafia americana non può intercedere, dato che i suoi organismi dirigenti vietano di partecipare al traffico di droga.

Per noi inquirenti si trattò di una conferma importante: quel tale, di nome Mariano Piazza, era un trafficante di droga vicino alla mafia siciliana e non a quella americana e non poteva, quindi, chiedere aiuto agli americani. Le due organizzazioni erano perfettamente autonome e nessuna delle due poteva impartire ordini all'altra.

Se facciamo un bilancio delle informazioni attualmente in nostro possesso sulla mafia, ci rendiamo conto di saperne un bel po', di avere acquisito nel corso di dieci anni un bagaglio culturale senza precedenti, favoriti dalla fioritura di pentiti e dall'incisività della repressione. E siamo anche consapevoli di possedere un metodo. Conosciamo la struttura dell'organizzazione, i suoi meccanismi di intervento e perfino il suo modo di pensare.

Ma alcuni dati essenziali continuano a sfuggirci. Ignoriamo dove si nascondano e di quali reti di protezione si avvalgano boss importanti come Salvatore Riina, Bernardo Provenzano e una cinquantina di altri capi dell'organizzazione. Non sappiamo come si chiamano molti uomini d'onore e soprattutto alcuni sono talmente insospettabili che è quasi impossibile scoprirli: e accanto a loro vi sono i cosiddetti «colletti bianchi», che conducono una vita legale apparentemente irreprensibile e che gestiscono il denaro proveniente dalle attività illecite.

Ma il nostro problema maggiore deriva dalla chiusura, dalla crescente clandestinizzazione di Cosa Nostra, seguita alla guerra di mafia e alla repressione; le notizie non circolano come un tempo tra gli uomini d'onore, ognuno resta confinato nella famiglia di origine — come imposto dai «Corleonesi» per fermare l'effetto deflagrante della emorragia di pentiti — e quindi magistrati e inquirenti ricevono un minor numero di informazioni. Le notizie più fresche risalgono alle confessioni di Francesco Marino Mannoia, cioè al 1990. Una data vicina, ma se nei prossimi due-tre anni non saremo in grado di sfruttare la miniera di notizie da lui fornite, ho paura che la lotta antimafia subirà una brusca involuzione e lo Stato ricadrà nell'abituale impotenza.

Un'affermazione del genere mi costa molto, ma se le istituzioni continuano nella loro politica di miopia nei confronti della mafia, temo che la loro assoluta mancanza di prestigio nelle terre in cui prospera la criminalità organizzata non farà che favorire sempre di più Cosa Nostra.

Cosa Nostra adatta instancabilmente i propri metodi ai tempi nuovi, rendendoli via via sempre più sofisticati. Ha imparato perfino a eludere i controlli telefonici. Si sa quanto, in materia di traffico di droga, il telefono costituisca un elemento indispensabile. Gli inquirenti hanno moltiplicato i controlli, ma i criminali si sono fatti più furbi. C'è stata una vera e propria fioritura di linguaggi in codice: «Portami quattordici cavalli al Plaza di Milano». Non si chiedeva certo all'interlocutore di consegnare dei cavalli in un albergo del capoluogo lombardo...

Altro esempio: quando Gaetano Badalamenti fu arrestato nel 1984 in Spagna, furono rinvenuti, nascosti nel suo cappello, i numeri di telefono di alcune cabine pubbliche di New York, seguiti dalle cifre 1, 2, 3 ecc. Come avevano luogo le telefonate tra Badalamenti e i suoi amici mafiosi? «Chiamami tra un'ora al numero 1», oppure: «Tra mezz'ora al numero 3», e così si sono sottratti a lungo all'intercettazione telefonica, dato che gli inquirenti non sapevano a quale cabina corrispondesse ciascun numero. La criminalità organizzata adotta via via tecniche sempre più sofisticate che mettono a dura prova l'abilità professionale degli inquirenti.

Un'inchiesta, quella su Francesco Màfara, affidatami nel 1980, mi ha consentito di sperimentare la crescente raffinatezza dei metodi criminali. Aveva avuto inizio a Roma in seguito al sequestro di dieci chilogrammi di eroina. Albert Gillet, belga, proveniente dagli Stati Uniti, viene arrestato all'aeroporto di Fiumicino: era già sorprendente il fatto che un corriere importasse eroina, quando il flusso avviene generalmente in senso inverso. Secondo motivo di stupore: l'eroina è pura all'86 per cento; come mai viene rispedita indietro? Non sapevamo che all'epoca gli americani consideravano un tasso di purezza dell'86 per cento insufficiente, ragion per cui la merce ritornava al mittente.

Tralascerò le indagini che ci permisero di scoprire altri complici belgi, come Paul Eric Charlier e Louis Barbet, fino ad arrivare al cuore della stessa sezione antidroga del Belgio, per parlare dell'ultima sorpresa di questa straordinaria vicenda: Gillet aveva un numero telefonico di Palermo. Era quello che chiamava per annunciare: «Ok, arrivato, tutto bene.»

Quel numero corrisponde a un telefono pubblico di una tabaccheria di via Oreto il cui proprietario, tale Carmelo Cinquemani, ricevette una citazione al tempo delle mie indagini bancarie per il processo Spatola. Mando un paio di poliziotti a fargli visita.

Nega di aver mai ricevuto telefonate: nel suo negozio — chiarisce — non si possono ricevere telefonate, solo farne.

Non mi convince, e faccio dunque controllare il telefono. I tecnici scoprono che il dispositivo acustico della suoneria — di norma disattivato nei telefoni pubblici — è stato rimesso al suo posto. Quindi l'apparecchio di Cinquemani poteva ricevere chiamate. Ingegnoso! E pensare che c'è gente che giudica i mafiosi dei trogloditi sprovveduti!

Tutte le informazioni raccolte su Cosa Nostra e l'evoluzione dei suoi metodi sono state di enorme importanza per l'azione di magistratura e forze dell'ordine. Per quanto mi riguarda, mi hanno soprattutto facilitato la diagnosi delle varie vicende criminali portate al mio esame. Di fronte a episodi di traffico di droga, ho imparato a poco a poco a scoprire se vi erano coinvolte organizzazioni mafiose o no; o a capire, in caso di scomparsa di persona, se si trattava di un'assenza momentanea o di un caso di lupara bianca. Lo stesso vale per i miei colleghi del pool antimafia. Oggi nessuno può parlare, come un tempo, di «ignota mano assassina» o di «regolamento di conti tra bande rivali» per indicare i crimini di mafia.

Alcuni mesi fa a Palermo si è verificato un fatto di cui ignoro l'epilogo, ma le cui premesse mi erano fin troppo familiari. Viene arrestato tale Giuseppe Giuliano, detto «Folonari» per la sua spiccata propensione per un buon bicchiere di vino. Una pattuglia della polizia aveva notato due persone in motocicletta, seguita da un'auto con passeggeri a bordo e, sull'altro lato della strada, un furgone con i finestrini rivestiti da carta di giornale. L'autista del furgone, accortosi di essere sorvegliato, si mette di traverso e blocca la circolazione, in modo che la polizia non riesca ad avvicinarsi alla vettura sospetta, che si allontana a tutta velocità. Il furgone faceva chiaramente da staffetta e i passeggeri della berlina erano di gran lunga più importanti di quelli del furgone, compreso Folonari, che hanno deliberatamente scelto di farsi arrestare.

Ma Folonari non è il primo venuto, è amico del boss Giuseppe Lucchese. Ed è in possesso di guanti da chirurgo, una Magnum 357 con sei proiettili nel tamburo e con numero di matricola punzonato e una tanica di benzina. Probabilmente si progettava un omicidio importante, e il furgone, rubato due anni prima, aveva compiti logistici, mentre la benzina serviva per dar fuoco all'auto dei killer ad azione conclusa.

A questo punto avanzo una ipotesi: tensione e sofferenza (se così si può dire) hanno raggiunto un alto grado di intensità all'interno di Cosa Nostra. Un attentato spettacolare, un omicidio «eccellente», ad esempio, contro un rappresentante dello Stato ma anche contro altri, potrebbe fungere da elemento pacificatore tra le due anime che si contendono la mafia: i palermitani, decisi a prendersi una rivincita, e i «Corleonesi», che dal 1982 hanno sottratto al capoluogo la guida dell'organizzazione.

Ma non solo i magistrati fanno questo tipo di analisi e di ipotesi... Penso al racconto di un uomo d'onore come Salvatore Contorno a proposito dell'attentato di cui fu vittima nel 1981. È in macchina, alla periferia di Palermo, quando, all'altezza del ponte Brancaccio, si accorge che l'auto davanti a lui procede troppo lentamente. Di colpo riconosce, in piedi sulla soglia di una casa, il killer Mario Prestifilippo, che conosce fin troppo bene. Mormora tra sé: «Manca solo la motocicletta», ed ecco spuntare anche la moto. Capisce al volo che vogliono ucciderlo. Si getta sulla destra della macchina e con una spinta scaraventa sul marciapiede il ragazzo seduto accanto a lui. Una raffica di Kalashnikov manda in frantumi il parabrezza sfiorandolo (dei ciuffi di capelli di Contorno sono stati ritrovati dalla polizia all'interno della vettura). Apre la portiera di destra e cerca di nascondersi dietro il radiatore, dove si sente più al sicuro, protetto dal motore. Impugna la pistola, mira al tipo in motocicletta e lo colpisce. Apprenderà poi che si trattava del killer Pino Greco detto Scarpazzedda, salvatosi grazie al giubbotto antiproiettile.

Perché rievoco questo episodio? Perché dimostra ancora una volta quanto siano abili, decisi, intelligenti i mafiosi, e quanta capacità e professionalità è necessaria per contrastare la violenza mafiosa. La mia grande preoccupazione è che la mafia riesca sempre a mantenere un vantaggio su di noi.

V

Profitti e perdite

La prostituzione: niente di più disonorevole per un siciliano, e ancor più per un uomo d'onore. Quindi va da sé che, contrariamente a quanto succede oltre Atlantico, questa attività non è segnata nel bilancio della mafia nostrana. Ci vedo tutto lo spessore di differenze culturali che si sono accentuate con il passare degli anni. Negli Stati Uniti, dove Cosa Nostra ha raggiunto un alto livello di «evoluzione», «civiltà» e «raffinatezza», lo sfruttamento delle squillo da 2000 dollari per notte non pone problemi di perdita di dignità; la prostituzione lì non ha l'alone di sordida degradazione che caratterizza le case d'appuntamento siciliane. Lo stesso vale per il gioco d'azzardo, che non solo non suscita riprovazione, ma costituisce una fonte di reddito non trascurabile.

Non così in Sicilia. Cosa Nostra non annovera il gioco tra le attività riconosciute. Il pentito Angelo Epaminonda, consumatore e spacciatore di cocaina, metà siciliano e metà milanese, era coinvolto nel gioco d'azzardo: ma non era uomo d'onore e viveva a Milano. Non credo vi sia un solo esempio di mafioso che a Palermo gestisca case da gioco. Il pentito Antonino Calderone, catanese, racconta che suo fratello Giuseppe rinfacciava a Michele Zaza e ad Alfredo Bono la passione ossessiva per la roulette e lo chemin de fer. Bono aveva fama di scommettitore accanito nei casinò e nelle bische dell'Italia settentrionale. Si tratta comunque di un genere di attività che non reca alcun prestigio a un uomo d'onore. È tollerata a titolo personale, ma provoca un richiamo all'ordine se diventa troppo vistosa.

Le estorsioni sono un altro paio di maniche. Praticate in modo sistematico, costituiscono un mezzo efficace per consolidare il controllo sul territorio — obiettivo primario di ogni «famiglia». Procurano, in un certo senso, oltre che redditi non disprezzabili, il riconoscimento concreto dell'autorità mafiosa. La pratica ha assunto forme e connotazioni diverse con il passare degli anni.

Agli inizi il racket veniva attuato con un certo pudore, sotto mentite spoglie, quasi cercando possibili giustificazioni: si chiedeva un «contributo» a un negoziante invocando, per esempio, la necessità per l'organizzazione di provvedere ai bisogni di chi stava in prigione. In cambio dei versamenti, un tempo molto meno diffusi di quanto si ritiene, la vittima dell'estorsione riceveva la garanzia effettiva da parte di Cosa Nostra che la sua bottega o la sua attività di artigiano sarebbero state protette. Le dichiarazioni dei pentiti Marino Mannoia, Calderone e altri, rivelano che non era infrequente il caso che la mafia eliminasse piccoli malviventi responsabili di avere provocato disordini in quartieri controllati da una certa famiglia alla quale i negozianti avevano regolarmente versato il pizzo o la tangente.

Oggi la tangente o l'estorsione si riducono spesso a un semplice riconoscimento quasi soltanto formale dell'autorità di una data famiglia su un determinato territorio, ma non garantiscono la protezione. Per il commerciante sono diventate un costo supplementare, aggiunto al normale rischio di rapine, furti e così via.

Il che prova che il rapporto tra criminalità comune e mafia è cambiato, o meglio che Cosa Nostra manifesta una certa benevolenza nei confronti dei criminali minori. Un tempo il mafioso lasciava pochi margini di manovra ai ladri, oggi ne favorisce le azioni.

Si è trattato, a mio modo di vedere, di una precisa scelta ispirata dai «Corleonesi» che hanno dato via libera a ladruncoli, teppisti, malviventi da strapazzo, a Palermo come a Catania e altrove, sia per invischiare la repressione poliziesca nella caccia ai piccoli delinquenti, sia per mettere nei guai le famiglie delle grandi città, lasciando invece maggiore libertà di azione alla periferia. E senza dire che costituiscono il vivaio di coltura delle nuove leve della mafia, sempre più spregiudicate, sempre più feroci ed assetate di ricchezze... La pratica dell'estorsione si è quindi distaccata dalle necessità di sopravvivenza («ci dia un piccolo contributo per i nostri carcerati») e di protezione, e si è trasformata in un semplice mezzo per raccogliere denaro senza offrire in cambio le garanzie di un tempo. Capita così che i commercianti paghino due, tre, quattro tangenti a gruppi diversi. È un caso frequente specialmente in Campania, dove la camorra si è parcellizzata.

E pensare che, secondo il racconto di Buscetta, il suo capo famiglia, Gaetano Filippone, negli anni Cinquanta, consigliava ai suoi uomini di andare a fare gli acquisti nel negozio di un piccolo commerciante squattrinato, che aveva pochi clienti... Non cito questa storia per fare del colore sulla «buona» mafia del passato, ma solo per ricordare che un tempo aveva una strategia precisa di senso opposto a quella attuale. Semplice. Voleva mantenere buoni rapporti con i dettaglianti, con coloro che era costretta a frequentare tutti i giorni, riservandosi di ricavare profitti più sostanziosi dalle grosse imprese. C'è da aggiungere che allora i bisogni e le esigenze della società — e quindi della mafia — non erano tali da richiedere forti entrate. La diffusione del consumismo di massa ha cambiato tutto nel contesto sociale e di conseguenza anche in Cosa Nostra, la cui evoluzione procede parallelamente.

Oggi in pratica quasi tutti pagano la tangente. Il libro mastro scoperto nel covo segreto di Francesco Madonia nel dicembre 1989 contiene un lungo elenco di coloro che a Palermo producono o svolgono una professione o il commercio e che pagano. Accanto ad alcuni nomi si legge perfino Lit. 400.000 o Lit. 600.000 il mese. Sembrano cifre irrisorie, poche centinaia di migliaia di lire, e in parecchi ci hanno riso sopra: «Ma, allora, i grandi Madonia si accontentano di briciole!». Non sono briciole. Riscuotendo queste somme modeste, i Madonia assicuravano l'autofinanziamento del loro esercito, della loro base, della loro manodopera: gente utilizzata per «lo spaccio» o come copertura di grandi delitti e che ogni mese riceveva uno stipendio. Come il palermitano Vincenzo Sinagra, divenuto poi un pentito, che pur non essendo uomo d'onore riceveva un salario mensile: una specie di factotum che stazionava in piazza Scaffa, a Palermo, in attesa delle piccole incombenze (compresi gli omicidi) che gli venivano affidate.

La tangente serve oggi a finanziare gli strati più bassi dell'organizzazione, la manodopera di Cosa Nostra, e il mondo che le ruota attorno. Serve anche ad assicurare delle opportunità di profitto, come prova l'assassinio di alcuni imprenditori tra i quali Libero Grassi, ucciso il 29 agosto 1991 non tanto, questa volta, per le centinaia di migliaia di lire che rifiutava di pagare, quanto per il «cattivo esempio» che dava all'insieme del mondo produttivo.

Oggi comunque, contrariamente a quanto comunemente si ritiene, secondo quanto accertato dagli inquirenti, la tendenza è verso una diminuzione delle richieste di tangenti di importo considerevole. Brutto segno: se le tangenti del racket diminuiscono — o meglio si trasformano — ciò può significare che il mafioso tende a trasformarsi lui stesso in imprenditore, a investire in imprese i profitti illeciti del traffico di droga. La crescente presenza di Cosa Nostra sul mercato legale non rappresenta un segnale positivo per l'economia in generale.

Cerchiamo di immaginarlo questo mafioso, divenuto capitano di industria. Ricco, sicuro di potere disporre di una quantità di denaro che non ha dovuto prendere a prestito e che quindi non deve restituire, si adopera per creare, nel suo settore di attività, una situazione di monopolio, basata sull'intimidazione e la violenza. Se fa il costruttore, amplierà il suo raggio di azione fino a comprendervi le cave di pietra, i depositi di calcestruzzo, i magazzini di materiale sanitario, le forniture in genere e anche gli operai. In una simile situazione perché mai dovrebbe preoccuparsi delle estorsioni? Gli altri proprietari di cave, gli industriali del cemento e del ferro verranno a poco a poco inglobati in una rete monopolistica sulla quale egli eserciterà il controllo. Leonardo Greco, rivenditore di tondini di ferro per l'edilizia in Bagheria (Palermo), non chiedeva nulla ai colleghi, ma faceva in modo di piazzare i suoi prodotti presso tutti gli imprenditori della zona palermitana, mafiosi e non. Ecco come l'imprenditore mafioso modifica il panorama economico locale.

La tendenza alla diminuzione delle estorsioni

129

mette in luce un fatto inquietante e cioè che la criminalità organizzata, su cui noi non riusciamo a esercitare un efficace controllo, può permettersi il lusso di passare ad attività più lucrose e apparentemente lecite mentre noi continuiamo a combatterla sul vecchio terreno: non a caso la tendenza alla diminuzione del pizzo risulta più evidente dove la presenza e la pressione mafiose sono più forti. Non a caso a tale fenomeno si accompagna anche una diminuzione degli omicidi e delle azioni criminali particolarmente eclatanti.

Occorre, allora, cercare altrove una chiave di interpretazione convincente. L'infiltrazione mafiosa nel mercato legale, accompagnata da una contrazione delle azioni criminali, per lo meno di quelle più eclatanti — evidente a Palermo più che nel resto della Sicilia —, nonostante gli indubbi risvolti positivi, rappresenta, lo ripeto, un fenomeno estremamente inquietante. Attendo il sociologo che sosterrà la tesi che una siffatta situazione proverebbe la graduale evoluzione della criminalità organizzata e la sua dissoluzione nella società civile per effetto del miglioramento del livello di vita!

No, non facciamoci illusioni: il mafioso che si è arricchito illegalmente e si è inserito nel mondo economico legale — e ancor più di lui i suoi discendenti — non costituisce segno del riassorbimento e del dissolvimento della mafia nell'alveo della società civile. Né oggi né domani. Perché il mafioso non perderà mai la sua identità, continuerà sempre a ricorrere alle leggi e alla violenza di Cosa Nostra, non si libererà della mentalità di casta, del sentimento di appartenenza a un ceto privilegiato. Gli Inzerillo, gli Spatola, i Teresi erano tutti imprenditori assai competenti nel loro campo, l'edilizia. Ma rimanevano mafiosi. Rosario Spatola aveva esordito professionalmente negli anni Cinquanta come lattaio ambulante. Aveva anche ricevuto una contravvenzione perché allungava il latte con acqua. Questo stesso Spatola nel 1978 riuscì ad aggiudicarsi il più grosso appalto di lavori pubblici di Palermo: l'edificazione di 422 appartamenti per conto dell'Istituto case popolari di cui era presidente Vito Ciancimino. Se alle qualità imprenditoriali si aggiungono le conoscenze giuste...

Non si può sostenere che i mafiosi non lavorino, che si accontentino di gestire le loro rendite vivendo di ricatti e minacce. Non è vero, lavorano, fanno fruttare il capitale, comportandosi da persone serie. Michele Greco, detto «il Papa», sbrigava un bel po' di incombenze sulle sue terre, dimostrando per di più una grossa competenza in materia di agraria. Come Rosario Spatola nel campo dell'edilizia.

Quando si è membri di Cosa Nostra e si ricorre alla violenza e all'intimidazione, è molto più facile imporsi sul mercato. I mafiosi lo fanno e continueranno a farlo fino a quando esisterà la mafia. Nel corso della mia carriera ho visto parecchi morti di fame trasformarsi in ricchi imprenditori. Ma nessuno che abbia rinunciato all'affiliazione o all'uso dei metodi mafiosi. E lo stesso vale per i loro figli. Questa è una verità che dà la misura delle difficoltà della lotta alla mafia: se si trattasse di banditismo o di gangsterismo urbano le cose sarebbero di gran lunga più semplici!

Soffermiamoci un momento sul parassitismo

economico di Cosa Nostra. Ci si domanda: ma se questi mafiosi sono così intelligenti, così duttili e intraprendenti, perché mai preferiscono vivere come parassiti? La risposta è semplice: perché è più facile.

In Sicilia, per quanto uno sia intelligente e lavoratore, non è detto che faccia carriera, non è detto neppure che ce la faccia a sopravvivere. La Sicilia ha fatto del clientelismo una regola di vita. Difficile, in questo quadro, far emergere pure e semplici capacità professionali. Quel che conta è l'amico o la conoscenza per ottenere una spintarella. E la mafia, che esprime sempre l'esasperazione dei valori siciliani, finisce per fare apparire come un favore quello che è il diritto di ogni cittadino.

Detto questo, che cosa significa parassitismo? Una volta la mafia esercitava la «guardiania», imponendo i suoi uomini ai grandi proprietari ed estorcendo loro denaro, anche quando non chiedevano sorveglianza o protezione. Si appoggiava alle attività produttive altrui, non producendo niente in proprio. Oggi — ne ha pregevolmente scritto il sociologo Pino Arlacchi — l'organizzazione parassitaria ha subito un profondo mutamento. Il mafioso non si maschera da imprenditore: è diventato un vero imprenditore, che sfrutta il vantaggio supplementare rappresentato dalla sua appartenenza a Cosa Nostra. Mutamento, questo, conseguente all'arrivo di un enorme flusso di denaro prima dal contrabbando di tabacco e poi dal traffico di droga.

Ignazio e Nino Salvo erano veri e propri capitani di industria. Essi sono stati fino al 1984 soci, con altri, di una società incaricata in Sicilia dell'esazione delle imposte. Quando lo Stato ha ritirato la concessione, gli amici dei Salvo hanno commentato: «La Satris finirà in mano alla Regione; peggio, ai partiti politici, e sarà un disastro». E disastro è stato.

Anche Stefano Bontate era un buon manager. I Cuntrera e i Caruana per conto loro hanno fondato veri e propri imperi industriali, in Venezuela, lavorando duramente, a partire dagli anni Sessanta fino a oggi. E perfino Antonino Calderone, fuggito a Nizza per sottrarsi alla vendetta di Cosa Nostra, aveva impiantato in quella città una lavanderia che continua a rendere bene, ma ormai senza di lui. In genere, quando un mafioso afferma: «Sono un vero lavoratore», non ha tutti i torti.

La Sicilia è una terra dove, purtroppo, la struttura statale è deficitaria. La mafia ha saputo riempire il vuoto a suo modo e a suo vantaggio, ma tutto sommato ha contribuito a evitare per lungo tempo che la società siciliana sprofondasse nel caos totale. In cambio dei servizi offerti (nel proprio interesse, non c'è dubbio) ha aumentato sempre più il proprio potere. È una realtà che non si può negare.

Il concetto di parassitismo va quindi rivisto, insieme con la inevitabile dicotomia tra vecchia buona mafia e presunta nuova mafia. Negli ultimi vent'anni i mafiosi, dotati di intelligenza vivace, di grande capacità lavorativa e di una notevole abilità organizzativa, dopo avere notevolmente accresciuto le loro possibilità di investimenti, sono potuti entrare direttamente nel mondo economico legale impiegandovi risorse illegali e perpetuando se stessi. E di qui la continuità dei comportamenti mafiosi e l'abitudine, diffusissima in Sicilia, ma anche in altre regioni d'Italia, di appropriarsi del bene pubblico.

E veniamo a quella che viene comunemente ritenuta la fonte principale delle entrate di Cosa Nostra: la droga. Sappiamo che negli anni Ottanta la mafia siciliana, con alla testa le famiglie Cuntrera e Caruana, originarie di Siculiana in provincia di Agrigento, si era assicurata una grossa fetta del traffico di eroina destinata agli Stati Uniti. Ma, anche nel periodo di maggiore espansione del traffico, Cosa Nostra in quanto tale non era coinvolta. I mafiosi e le famiglie che se ne occupavano lo facevano a titolo personale.

Ciò significa che potevano utilizzare nel traffico un certo numero di non-mafiosi e perfino di non-italiani, mentre per tutte le altre attività, per così dire, istituzionali, Cosa Nostra tende a servirsi solo di uomini d'onore. Il traffico di stupefacenti, in altri termini, era un'impresa che non differiva in modo sostanziale da qualsiasi altra attività commerciale, dal commercio, per esempio, di pellami. Di conseguenza, ciascun uomo d'onore poteva occuparsene a titolo personale senza renderne conto a nessuno, trattandosi di un'attività — per così dire — privata. Nella famiglia di Santa Maria di Gesù, Stefano Bontate e suo fratello Giovanni lavoravano entrambi nel campo della droga, ma separatamente.

I siciliani hanno cominciato a intrattenere rapporti commerciali con gli americani soprattutto perché negli Stati Uniti potevano contare su affidabili teste di ponte affiliate alle grandi famiglie isolane. E hanno conquistato una posizione di predominio. Se chimici francesi di riconosciuta competenza hanno accettato di raffinare morfina-base a Palermo è certamente perché erano pagati profumatamente e sapevano di non correre grossi rischi, ma soprattutto perché i siciliani erano gli unici ad avere il pieno controllo del mercato della produzione e del commercio della droga. Nella seconda metà degli anni Settanta era praticamente impossibile qualsiasi operazione di un certo rilievo che non li vedesse coinvolti.

Indagando nei confronti di Mariano Piazza e Giovanni Lo Cascio nel 1987, abbiamo scoperto una partita di eroina proveniente dal Medio Oriente, raffinata nei dintorni di Marsiglia e caricata su una nave con destinazione Miami in Florida, dove, a riceverla, c'erano alcuni siciliani arrivati da Palermo. Erano stati incaricati di distribuire direttamente la partita di eroina negli Stati Uniti, mercato che conoscevano alla perfezione. Gli anni 1983-85 hanno visto il dominio quasi assoluto dei mafiosi siciliani nello smercio dell'eroina negli Stati Uniti.

Il lavoro rimaneva sempre molto parcellizzato. Non vi era un solo uomo d'onore che sovrintendesse ad acquisto, raffinazione ed esportazione negli Stati Uniti. Numerose persone erano impiegate a diversi livelli: dell'acquisto erano incaricati coloro che conoscevano meglio le rotte dei contrabbandieri di sigarette dal Medio Oriente e mantenevano rapporti diretti con i produttori; della raffinazione quelli già dotati di una certa specializzazione in materia, coadiuvati da tecnici stranieri; della vendita le persone più svariate.

I Cuntrera e i Caruana, importanti collettori di eroina in Europa, secondo le confessioni di Buscetta e di altri, si occuparono in un primo tempo anche del trasporto negli Stati Uniti. In seguito si limitarono alla importazione e alla distribuzione.

Il coinvolgimento della mafia è estremamente mutevole, dal punto di vista qualitativo e quantitativo. Mentre qualche anno fa Cosa Nostra gestiva il 30 per cento del traffico mondiale di eroina verso gli Stati Uniti, nel 1991, secondo stime americane, la sua quota è scesa al 5 per cento. Altri gruppi sembrano prevalere adesso: cinesi, portoricani, curdi, turchi, armeni... Una gran confusione.

E a complicare le cose, al traffico di stupefacenti si affianca spesso il commercio illegale di armi.

Il progressivo distacco di Cosa Nostra dal traffico di eroina è confermato da fatti oggettivi: dal 1985 — dalla scoperta del laboratorio di Alcamo, presso Palermo — non sono stati scoperti altri laboratori né in Sicilia né in altre parti d'Italia; i sequestri di partite di eroina provenienti dalla Sicilia sono diminuiti di pari passo agli arresti di mafiosi direttamente coinvolti nel traffico. La situazione è comunque ancora troppo fluida per consentire valutazioni definitive. Va ricordato, per esempio, che quando nel 1987 venne arrestato a Napoli, il noto Pietro Vernengo aveva con sé non eroina, ma nove chilogrammi di morfina-base a diversi stadi di raffinazione. Il potenziale acquirente doveva quindi saggiare presumibilmente la bontà di diversi metodi di trasformazione. E nel 1990 nei pressi di Lucca è stato arrestato un altro siciliano, Gabriele Randazzo, anch'egli con una partita di morfina-base, proveniente sicuramente da Milano e destinata al Sud (per venirvi raffinata?). Lo stato del mercato degli stupefacenti è quindi molto confuso; è certo comunque che, almeno a livello di commercializzazione, Cosa Nostra non ne detiene più il monopolio, né in Italia né altrove.

Che cosa accade ogni volta che viene sequestrata una partita di droga? Si analizza il prodotto e il grado di raffinazione e si tenta di individuare il luogo di produzione: quando la roba sequestrata è già raffinata e pronta a essere immessa nel mercato, è difficile — anche con le più sofisticate analisi chimiche — ricavare indicazioni sul luogo d'origine. La cosa è diversa quando si interviene al momento dell'importazione o del lancio sul mercato. Il metodo di raffinazione può in certi casi equivalere al marchio di provenienza.

Non eravamo riusciti, ad esempio, a scoprire come mai alcune partite di eroina, sequestrate negli anni Ottanta, presentassero tracce di benzoil-tropeina. Poi il pentito Francesco Marino Mannoia ci ha rivelato che si trattava di un trucco. Infatti ogni sostanza utilizzata per il taglio abbassa il punto di fusione della droga (273 gradi circa per l'eroina pura): il compratore pertanto con un semplice controllo può facilmente scoprire la scadente qualità della merce. Per ingannare l'acquirente, Mannoia aveva inventato uno stratagemma: aggiungeva la benzoil-tropeina che presenta il vantaggio di mantenere alto il punto di fusione e consente così di vendere l'eroina tagliata come se fosse pura. Avendo appreso dello stratagemma usato, ogni volta che individuavamo tracce di benzoil-tropeina, sapevamo che la merce era di provenienza siciliana. Oggi però l'identificazione non è automatica come prima, perché altri trafficanti usano questo stesso tipo di prodotto.

Un altro elemento importante di valutazione riguarda gli strumenti utilizzati nei laboratori clandestini. Marino Mannoia ne aveva di originalissimi, progettati e messi a punto da lui stesso e riservati a suo uso personale.

Traffico di droga uguale riciclaggio. È impensabile che i profitti derivati dal commercio di stupefacenti giungano ai beneficiari per vie legali. Da qui la scelta della clandestinità. Per tre motivi: il carattere illegale dell'affare; le eventuali restrizioni all'esportazione di capitali; la naturale prudenza di spedizionieri e destinatari.

Poiché le manovre finanziarie necessarie per riciclare il danaro sporco non possono venire effettuate integralmente dalle organizzazioni interessate — cui fanno difetto le competenze tecniche necessarie —, il compito è affidato a esperti della finanza internazionale, i cosiddetti «colletti bianchi», che si pongono al servizio della criminalità organizzata per trasferire capitali di origine illecita verso paesi più ospitali, i ben noti «paradisi fiscali».

È sempre difficile individuare le tracce di operazioni del genere. Il riciclaggio — che consiste in operazioni dirette a ripulire la ricchezza dalla sua origine illegale — per essere combattuto efficacemente richiederebbe armoniche legislazioni internazionali e una seria collaborazione tra gli Stati interessati. La legislazione italiana non è ancora adeguata alla gravità e alle dimensioni del problema, specialmente sul fronte delle indagini patrimoniali e bancarie. E il nuovo Codice di procedura penale non è venuto di certo a migliorare la situazione, con i limiti temporali — sei mesi, salvo limitate possibilità di proroga — che impone alle indagini e con l'obbligo di informare la persona sospetta.

Si sente ripetere sui giornali che il riciclaggio passa attraverso le finanziarie di Milano. Ma quante ne sono state identificate? Pochissime. Si dice da più parti che i riciclatori si servono delle operazioni di Borsa. Quante operazioni di questo tipo abbiamo scoperto? Nessuna, che io sappia. Affermazioni avventate di tal fatta possono influire in modo non irrilevante sul mercato legale. A volte il semplice fatto che la stampa additi alcuni settori finanziari come privilegiati dal riciclaggio basta a dirottare l'investimento con le intuibili conseguenze negative. Per dirla coi banchieri, il denaro ha «zampe di lepre e cuore di coniglio».

Raramente i grandi flussi di denaro sporco coinvolgono un solo paese. È indispensabile quindi una larga collaborazione tra Stati. Una delle rare indagini finanziarie condotte in Italia è stata iniziata da noi giudici palermitani nel 1984. Si tratta di un'indagine non ancora arrivata in tribunale ed evito quindi di fare i nomi dei presunti colpevoli.

Indagando su Vito Ciancimino, nel 1986 accerto che su tre conti di banche svizzere, intestati a un sospetto italiano — chiamiamolo il signor X —, si erano verificati nel 1981-82 bruschi e importanti movimenti di capitali, presumibilmente provenienti dal traffico di droga. Chiedo alle autorità elvetiche di poter consultare la loro documentazione in materia. Autorizzazione concessa. Ma i conti all'improvviso si prosciugano. Continuo l'indagine e scopro che le somme trasferite — cinque milioni di dollari — sono finite sul conto di una società panamense. Che le ha divise in due parti: 2 milioni e mezzo di dollari hanno preso la strada di una banca di New York, i rimanenti 2 milioni e mezzo di dollari sono stati dirottati su una banca di Montreal. Ma le peregrinazioni non finiscono qui, continuano fino al 1991.

I dollari si ritrovano di colpo insieme sul conto di una società di Guernesey, in Gran Bretagna, che è del tutto all'oscuro della loro provenienza illecita. Su ordine del signor X, la società divide i 5 milioni in 5 parti e li deposita su 5 diversi conti bancari. Da qui riprendono la strada per la Svizzera, dove atterrano — semplice coincidenza? — in una banca che ha sede accanto alla prima, quella che aveva attirato i nostri sospetti. Nuova domanda di collaborazione alle autorità elvetiche, nuova autorizzazione. Constato che i 5 milioni di dollari hanno proliferato e sono diventati 15, versati su 5 conti diversi. L'incredibile tragitto del denaro si conclude solo nel 1991, quando un magistrato svizzero ne decreta il sequestro.

Un'indagine del genere esige una conoscenza avanzata delle tecniche bancarie da parte del magistrato, un'ampia collaborazione tra governi di diversi paesi e anni di lavoro. Senza l'aiuto di magistrati e autorità elvetiche e di altri Stati non sarei riuscito a portare a termine l'istruttoria. Contrariamente a quanto si pensa, la Svizzera è uno dei paesi che prestano più collaborazione, perché ha compreso che è finita l'epoca in cui era possibile tenere il denaro sporco e lasciare i mafiosi fuori dalla porta. Il denaro della mafia comporta necessariamente, prima o poi, la presenza degli uomini e dei metodi mafiosi.

Nella maggior parte dei paesi coinvolti nel traffico di eroina e nel riciclaggio di denaro, ho dovuto individuare dei referenti. Con i francesi ho avuto buoni rapporti personali soprattutto in campo giudiziario: il giudice Debaq di Marsiglia per molti mesi ha svolto una attività febbrile per gli interrogatori di Antonino Calderone; il giudice Sampieri l'ho conosciuto per l'affare Michele Zaza. I buoni rapporti con la Francia, però, si inceppano in materia di estradizione — eredità degli anni del terrorismo — perché i nostri reati di associazione sovversiva a fini di terrorismo e di associazione mafiosa non vengono riconosciuti dalla legge francese.

Ricordo di essermi recato nel 1983 al tribunale di Créteil per interrogare un pregiudicato, Francesco Gasparini, arrestato in Francia e trovato in possesso di sei chilogrammi di eroina. Arrivava dalla Thailandia e stava partendo per l'Italia. I colleghi di Parigi mi avevano detto: «La tua venuta è inutile, non dirà una parola». Ci sono andato lo stesso e, per un colpo di fortuna insperata, il giorno dopo il mio arrivo Gasparini decise di parlare.

Se la collaborazione con la Francia è buona, con gli Stati Uniti è addirittura eccellente.

Con Canada, Gran Bretagna, Spagna e Germania le cose vanno abbastanza bene, mentre sono più difficili con Thailandia, Egitto e Israele, anche se con Debaq sono riuscito a istruire un processo a carico di alcuni israeliani.

Parlando dei guadagni della mafia, non possiamo dimenticare gli appalti e i subappalti. Mi chiedo anzi se non si tratta degli affari più lucrosi di Cosa Nostra. Il controllo delle gare di appalto pubbliche risale a molte decine di anni fa, ma oggi ha raggiunto dimensioni impressionanti. Non importa se l'impresa che si è aggiudicata i lavori sia siciliana, calabrese, francese o tedesca: quale che sia la sua provenienza, l'impresa che vuole lavorare in Sicilia deve sottostare a talune condizioni, sottostare al controllo territoriale della mafia.

Il condizionamento delle gare di appalto si realizza sia nella fase di aggiudicazione dei lavori (gli imprenditori mafiosi ben conoscono i meccanismi e sono in grado di influire sui funzionari preposti alle gare di appalto) sia nella fase di esecuzione delle opere. Chiunque si occupi di lavori pubblici, in Sicilia e nel Mezzogiorno in genere, sa benissimo di dover acquistare il materiale dal tale fornitore e non dal talaltro. Negli anni Settanta, la costruzione effettuata dall'impresa Graci di Catania di una diga sul fiume Olivo, in provincia di Enna, diede il via a una impressionante catena di omicidi. Che cosa era successo? Secondo quanto ci ha riferito Antonino Calderone, una famiglia criminale locale, non appartenente a Cosa Nostra, aveva avuto la pretesa di imporre i propri fornitori là dove la mafia affermava di dovere essere la sola a garantire la «protezione» dell'impresa Graci.

Non c'è quindi da stupirsi che le imprese mafiose assumano gradualmente in prima persona il controllo delle gare per gli appalti pubblici. Hanno in mano una carta vincente: la capacità di scoraggiare qualsiasi concorrente con l'intimidazione e la violenza; la facoltà, sempre attraverso l'intimidazione, di non rispettare le norme collettive sull'edilizia né le leggi sulla sicurezza del lavoro; la possibilità di accedere a crediti agevolati, e addirittura di non ricorrervi investendo nei lavori parte del denaro sporco proveniente dal traffico di droga.

Quanto è accaduto e continua ad accadere nel campo degli appalti smentisce tutte le teorie secondo cui il decollo socioeconomico della Sicilia avrebbe portato automaticamente alla scomparsa della mafia. Cosa Nostra ha saputo invece innestarsi nello sviluppo, deviandone il corso degli effetti. La sola possibilità per lo Stato di segnare un'inversione di rotta mi sembra consista nel garantire un livello minimo di convivenza civile, una forma minima di contratto sociale, per citare Rousseau. Una delle pre-condizioni, delle clausole fondamentali di un simile contratto di convivenza consiste nell'assicurare l'applicazione della legge e nel contrastare efficacemente la criminalità. Se non si realizzano queste condizioni, è inutile rifugiarsi nell'illusione generosa che lo sviluppo possa cancellare come per magia la mafia.

Siamo giunti al punto che qualsiasi intervento economico dello Stato rischia soltanto di offrire altri spazi di speculazione alla mafia e di allargare il divario tra Nord e Sud. Lo stesso dicasi dei contributi a fondo perduto. Soltanto una politica di incentivazione, purché ben gestita, può ottenere a mio avviso effetti positivi.

È fin troppo chiaro a quali fini immediati, tipicamente preelettorali, dall'orizzonte limitato a qualche mese o qualche settimana risponda la scelta politica degli stanziamenti di aiuti: per i partiti, il Mezzogiorno è spesso solo un serbatoio di voti. Ma fino a quando si può battere questa strada? Fino a quando può andare avanti la «meridionalizzazione» di certi partiti? E che cosa accadrà sul mercato comunitario?

Ecco la ragione per cui la teoria delle due Italie, un'Italia europea al Nord e una africana al Sud, potrà essere seriamente contestata soltanto dopo la sconfitta della mafia che, ripristinando le condizioni minime per un'accettabile convivenza civile, permetterà di gettare le basi dello sviluppo futuro.

In Sicilia e in Calabria gli episodi di frode ai danni della Cee, secondo quanto denunciato dagli organismi comunitari, sono, si dice, numerosi: secondo l'esposto della Commissione, il numero delle truffe perpetrate nelle due regioni supera di sette volte la media europea. Sembra strano, ma a tutt'oggi non siamo ancora riusciti a sapere il numero esatto dei processi né in quali tribunali si sono svolti né tantomeno come si sono conclusi.

Su questo tema il pentito Salvatore Contorno mi ha raccontato una storia significativa. Come è noto, la Comunità europea concede un indennizzo per la distruzione degli agrumi in eccesso. Be', dice Contorno, tutti sanno all'interno di Cosa Nostra che la mafia è implicata fino al collo nella distruzione di agrumi da cui ricava sensibili profitti.

Fonti autorevoli assicurano che se fossero realmente stati distrutti tutti i carichi di agrumi indicati,
una Sicilia interamente ricoperta da aranceti e limo-
neti non sarebbe sufficiente a garantire la produzione
necessaria per distruzioni così imponenti!

VI

Potere e poteri

Diversi anni fa, a Palermo fu consumato uno degli ormai tanti omicidi «eccellenti». Mentre ero immerso in amare riflessioni, squillò il telefono. Era l'alto commissario per la lotta alla mafia del tempo: «E ora che ci possiamo inventare per placare l'allarme del Paese?» mi chiese.

Un'altra volta, dopo una sequenza di delitti nel corso dello stesso giorno, sempre a Palermo, mi telefonò il ministro dell'Interno quasi quasi addebitandomi la responsabilità di quella esplosione di violenza criminale.

Insieme con una miriade di altri segnali, i due episodi che ho ricordato danno il quadro realistico dell'impegno dello Stato nella lotta alla criminalità organizzata. Emotivo, episodico, fluttuante. Motivato solo dall'impressione suscitata da un dato crimine o dall'effetto che una particolare iniziativa governativa può esercitare sull'opinione pubblica.

All'estero si chiedono sbalorditi come mai lo Stato italiano non è ancora riuscito a debellare la mafia. Se lo chiedono e ce lo chiedono.

I motivi sono numerosi. Innanzitutto, oltre alla potenza dell'organizzazione mafiosa, la sua particolare struttura che la rende impermeabile alle indagini: Cosa Nostra ha la forza di una Chiesa e le sue azioni sono frutto di una ideologia e di una subcultura. Non per niente uno dei suoi capi, Michele Greco, è stato soprannominato «il Papa». Non bisogna inoltre dimenticare la relativa giovinezza dello Stato italiano (poco più di cento anni), a differenza, per esempio, di uno Stato francese plurisecolare e ipercentralizzato. Uno Stato debole, di recente formazione, decentrato, diviso ancora oggi in tanti centri di potere, non è in grado di organizzare la lotta come farebbero ad esempio Francia, Inghilterra e Stati Uniti.

Ma c'è dell'altro. Per vent'anni l'Italia è stata governata da un regime fascista in cui ogni dialettica democratica era stata abolita. E successivamente un unico partito, la Democrazia cristiana, ha monopolizzato, soprattutto in Sicilia, il potere, sia pure affiancato da alleati occasionali, fin dal giorno della Liberazione. Dal canto suo, l'opposizione, anche nella lotta alla mafia, non si è sempre dimostrata all'altezza del suo compito, confondendo la lotta politica contro la Democrazia cristiana con le vicende giudiziarie nei confronti degli affiliati a Cosa Nostra, o nutrendosi di pregiudizi: «Contro la mafia non si può far niente fino a quando al potere ci sarà questo governo con questi uomini».

La paralisi c'è stata quindi su tutti i fronti. La classe dirigente, consapevole dei problemi e delle difficoltà di ogni genere connesse a un attacco frontale alla mafia, senza peraltro alcuna garanzia di successo immediato, ha compreso che a breve aveva tutto da perdere e poco da guadagnare nell'impegnarsi sul terreno dello scontro. E ha preteso quindi di fronteggiare un fenomeno di tale gravità coi soliti pannicelli caldi, senza una mobilitazione generale, consapevole, duratura e costante di tutto l'apparato repressivo e senza il sostegno della società civile. I politici si sono preoccupati di votare leggi di emergenza e di creare istituzioni speciali che, sulla carta, avrebbero dovuto imprimere slancio alla lotta antimafia, ma che, in pratica, si sono risolte in una delega delle responsabilità proprie del governo a una struttura dotata di mezzi inadeguati e priva dei poteri di coordinare l'azione anticrimine.

Il famoso Alto Commissariato per la lotta contro la mafia, creato sull'onda dell'emozione suscitata dall'assassinio del generale Dalla Chiesa, ne è l'esempio lampante: da allora il ministro dell'Interno e il governo nel suo insieme hanno potuto scaricare sull'istituto la colpa delle inefficienze attribuendogli la responsabilità di ogni insuccesso.

In tempi non lontani, di fronte a delitti di mafia di grave allarme sociale, e stante la difficoltà di acquisire sufficienti elementi per pervenire ad una incriminazione per gli omicidi, si preferiva battere la strada della individuazione del terreno di coltura in cui era maturato il delitto e, di conseguenza, quella della incriminazione per il reato di associazione per delinquere a carico dei componenti dell'organizzazione. Gli imputati venivano rinviati a giudizio e l'opinione pubblica aveva l'impressione che qualcosa si muovesse. Ma erano soltanto palliativi. Ben presto, infatti, i cosiddetti associati tornavano in libertà e soltanto una minima parte di essi, comunque, veniva effettivamente condannata. Nell'interminabile iter della nostra procedura i processi contro i mafiosi si concludevano a gabbie vuote e quando ormai l'interesse generale si era sopito. Coll'ausilio del reato associativo questi processi, dunque, assolvevano unicamente alla funzione di tenere per qualche tempo in galera persone sospettate di avere commesso gravissimi delitti, ma nei cui confronti mancavano prove sufficienti.

La famosa Legge Rognoni-La Torre, votata nel 1982, che ha introdotto lo specifico delitto di associazione mafiosa, in fondo non ha fatto che perfezionare questa linea di tendenza e questa strategia di contrasto al crimine organizzato, valorizzando l'esperienza dello «specifico» mafioso e introducendo nella fattispecie del delitto associativo elementi, quali l'intimidazione, l'assoggettamento delle vittime e l'omertà che non erano previsti nell'ordinaria associazione per delinquere.

Tuttavia la Legge La Torre, studiata per perseguire specificamente il fenomeno mafioso e per porre rimedio alla mancanza di prove, dovuta alla limitata collaborazione dei cittadini e alla difficoltà intrinseca nei processi contro mafiosi di ottenere testimonianze, non sembra che abbia apportato contributi decisivi nella lotta alla mafia. Anzi, vi è il pericolo che si privilegino discutibili strategie intese a valorizzare ai fini di una condanna elementi sufficienti solo per aprire un'inchiesta.

Tutto dovrebbe cambiare a seguito della entrata in vigore, nel 1989, del nuovo Codice di procedura penale di tipo accusatorio. Non si potrà ancora a lungo, a mio parere, continuare a punire il vecchio delitto di associazione in quanto tale, ma bisognerà orientarsi verso la ricerca della prova dei reati specifici. Con la nuova procedura, infatti, la prova, come nei processi dei paesi anglosassoni, deve essere formata nel corso del pubblico dibattimento. Il che rende estremamente difficile, in mancanza di concreti elementi di colpevolezza per i delitti specifici, la dimostrazione dell'appartenenza di un soggetto a un'organizzazione criminosa; appartenenza che si desume generalmente da elementi indiretti e indiziari di difficile acquisizione dibattimentale. C'è il rischio che non si riesca a provare, col nuovo rito, nemmeno l'esistenza di Cosa Nostra!

La Legge La Torre continua a rivestire però grandissima utilità in tutte le indagini patrimoniali a carico di pregiudicati mafiosi, in quanto autorizza la confisca dei beni acquisiti illecitamente colpendo i mafiosi nel loro punto debole: ricchezza e guadagni. Questa legge, se ben utilizzata, offre al magistrato la possibilità di selezionare le persone sottoposte a indagini: da un lato, quelle per cui esistono prove inconfutabili del reato di associazione mafiosa; dall'altro, quelle per le quali, pur in assenza di prove sufficienti per un processo, il sospetto di appartenenza alla mafia appare tuttavia fondato. Per queste il magistrato può ricorrere a misure di prevenzione a carattere personale e patrimoniale, in attesa di acquisire la prova per gli specifici delitti commessi.

Ciò dimostra che anche con il nostro arsenale legislativo complesso e spesso contraddittorio si può impostare una vera e propria azione repressiva in presenza di delitti senza autore e di indagini senza prove. *Possiamo sempre fare qualcosa*: massima che andrebbe scolpita sullo scranno di ogni magistrato e di ogni poliziotto. Per evitare di rifugiarsi nei facili luoghi comuni, per cui la mafia, essendo in prima istanza un fenomeno socioeconomico — il che è vero —, non può venire efficacemente repressa senza un radicale mutamento della società, della mentalità, delle condizioni di sviluppo. Ribadisco, al contrario, che senza la repressione non si ricostituiranno le condizioni per un ordinato sviluppo. E, lo ripeto, occorre sbarazzarsi una volta per tutte delle equivoche teorie della mafia figlia del sottosviluppo, quando in realtà essa rappresenta la sintesi di tutte le forme di illecito sfruttamento delle ricchezze. Non attardiamoci, quindi, con rassegnazione, in attesa di una lontana, molto lontana crescita culturale, economica e sociale che dovrebbe creare le condizioni per la lotta contro la mafia. Sarebbe un comodo alibi offerto a coloro che cercano di persuaderci che non ci sia niente da fare.

Certo dovremo ancora per lungo tempo confrontarci con la criminalità organizzata di stampo mafioso. Per lungo tempo, non per l'eternità: perché la mafia è un fenomeno umano e come tutti i fenomeni umani ha un principio, una sua evoluzione e avrà quindi anche una fine.

Ma con quali strumenti affrontiamo oggi la mafia? In un modo tipicamente italiano, attraverso una proliferazione incontrollata di leggi ispirate alla logica dell'emergenza. Ogni volta che esplode la violenza mafiosa con manifestazioni allarmanti o l'ordine pubblico appare minacciato, con precisione cronometrica viene varato un decreto-legge tampone volto a intensificare la repressione, ma non appena la situazione rientra in una apparente normalità, tutto cade nel dimenticatoio e si torna ad abbassare la guardia.

Le leggi non servono se non sono sorrette da una forte e precisa volontà politica, se non sono in grado di funzionare per carenza di strutture adeguate e soprattutto se le strutture non sono dotate di uomini professionalmente qualificati.

Professionalità significa innanzitutto adottare iniziative quando si è sicuri dei risultati ottenibili. Perseguire qualcuno per un delitto senza disporre di elementi irrefutabili a sostegno della sua colpevolezza significa fare un pessimo servizio. Il mafioso verrà rimesso in libertà, la credibilità del magistrato ne uscirà compromessa e quella dello Stato peggio ancora. Meglio è, dopo avere indagato su numerose persone, accontentarsi di perseguire solo quelle due o tre raggiunte da sicure prove di reità.

Solo il rigore professionale di magistrati e investigatori darà alla mafia la misura che la Sicilia non è più il cortile di casa sua e quindi servirà a smontare l'insolenza e l'arroganza del mafioso che non si inchina all'autorità dello Stato. Posso affermare che il maggior risultato raggiunto dalle indagini condotte a Palermo negli ultimi dieci anni consiste proprio in questo: avere privato la mafia della sua aura di impunità e di invincibilità. Anche quando i condannati al maxiprocesso verranno rimessi in libertà, rimarrà comunque acquisito un risultato, che la mafia può essere trascinata in tribunale e che i suoi capi possono essere condannati.

L'avere dimostrato la vulnerabilità della mafia costituisce una forza anche per gli investigatori nella misura in cui dà la consapevolezza che i mafiosi sono uomini come gli altri, criminali come gli altri, e che possono essere combattuti con una efficace repressione.

I risultati si ottengono con un impegno duro, continuo, quotidiano. Senza bluff. Senza dilettantismi. Dato che la lotta che stiamo combattendo è una vera e propria guerra coi suoi morti e i suoi feriti, come tutte le guerre deve essere combattuta con il massimo impegno e la massima serietà. Chi ha barato, chi ha voluto gabellarsi per lottatore senza esserlo, ha pagato e a volte ci ha lasciato la pelle. Giudico inammissibile, ad esempio, che le forze dell'ordine non tengano un comportamento di assoluta correttezza nei confronti dei sospettati. So di un commissario di polizia che, recatosi per l'ennesima volta a perquisire la casa di un capomafia in quel periodo detenuto, di fronte alla moglie che lamentava: «Ma siamo perseguitati, presto ci ritroveremo senza un soldo», si permise di tirar fuori di tasca 500 lire e dargliele. Umiliazione inutile, servita solo a procurare un attimo di soddisfazione al commissario in questione ma molto rancore dall'altra parte. E sempre a proposito di professionalità, vorrei ricordare il numero non esiguo di colleghi e investigatori che, malgrado la profonda conoscenza del nemico, hanno perduto la battaglia e a volte la vita per non avere adottato tutte le necessarie norme di sicurezza imposte dalla pericolosità di un'organizzazione come Cosa Nostra.

Tra i funzionari di polizia e i magistrati, alcuni di coloro che sono stati assassinati avevano commesso errori di sottovalutazione del fenomeno. Dispiace dirlo, e vorrei precisare che parlo di amici e di collaboratori che credevano sinceramente nel loro impegno antimafia. Purtroppo in questa difficile battaglia gli errori si pagano. Quello che per noi è una professione, per gli uomini di Cosa Nostra è una questione di vita o di morte: se i mafiosi commettono degli errori, li pagano; se li commettiamo noi, ce li fanno pagare.

Un commissario di polizia è stato assassinato in un piccolo porto della provincia di Palermo: non avrebbe dovuto andare in vacanza, senza protezione, senza difese, in mezzo ai mafiosi... Un ufficiale dei carabinieri: giovane, elegante, passeggiava di domenica con la sua fidanzata nelle strade più frequentate della sua città... Il capitano Basile svolgeva importanti indagini sulle grandi «famiglie» dell'hinterland palermitano senza rendersi conto del vespaio in cui si era cacciato.

Cesare Terranova, un magistrato di impegno esemplare, non si era reso conto del pericolo che comportava tornare a Palermo con l'incarico di consigliere istruttore al tribunale.

E Rocco Chinnici, si obietterà, il consigliere istruttore del tribunale di Palermo fatto saltare in aria dalla mafia nel 1983, con un'auto imbottita di esplosivo parcheggiata sotto casa sua? Rocco Chinnici non aveva sottovalutato nulla. Competente e coraggioso, proteggeva la propria persona rigorosamente e con grandi sacrifici personali, con scorta e auto blindata. Sì, Rocco Chinnici è il morto più naturale, più normale, l'eccezione che conferma la regola: nella guerra che lo contrapponeva alla mafia, pur adoperando strategie ineccepibili, è caduto in trappola e ha perso la sua battaglia. La mafia si è dimostrata più abile e più forte di lui.

Ninni Cassarà aveva uno o più traditori al fianco. Il pentito Francesco Marino Mannoia ha riferito che all'interno di Cosa Nostra circolava la notizia che i commissari Montana e Cassarà avevano giurato di non prendere vivi i due superkiller della mafia, Mario Prestifilippo e Pino Greco «Scarpazzedda». Entrambi avevano espresso, sembra, intenti discutibili, davanti a un uditorio che ritenevano fidato e che invece non lo era. Ninni Cassarà era uno dei miei migliori amici ed uno splendido investigatore, oltre che un profondo conoscitore della mafia. Anche se avesse avuto intenzioni del genere non le avrebbe certo confidate ad altri. È singolare ed inquietante, dunque, che la mafia fosse stata informata da qualcuno in questi termini. Merita di essere ricordato che sull'assassinio di Cassarà abbiamo scritto che era stato indicato alla vendetta mafiosa da alcuni colleghi e che il giorno della sua morte qualcuno a lui molto vicino aveva avvertito per telefono gli uomini di Cosa Nostra per segnalare l'ora in cui egli aveva lasciato l'ufficio e l'ora del probabile arrivo a casa, in via Croce Rossa a Palermo.

Ripercorrendo il lungo, impressionante elenco dei caduti per mano mafiosa mi pare che la percentuale di omicidi che si potevano evitare o comunque rendere più difficili sia molto più elevata di quella dei morti, per così dire, fisiologici, normali, per il tipo di attività svolta. A volte mi dico che sarebbero morti comunque, ma l'idea che si sia facilitato il compito degli avversari mi fa montare il sangue alla testa.

La professionalità consiste quindi anche nell'evitare le trappole. Non sempre chi stava intorno a me ha visto nella giusta luce l'attenzione pignola che dedicavo al problema della mia sicurezza: ritengo che si tratti della regola numero uno, quando si ha il compito di combattere la mafia. Si è favoleggiato sulle mie scorte, sul mio gusto del mistero, sulla clandestinità della mia vita, sulla garitta davanti alla mia abitazione. È stato scritto che mi spostavo da un bunker a un altro, dal Palazzo di Giustizia alle carceri e dalle carceri alla mia prigione personale: la mia casa. Qualcuno ha pensato forse che attribuissi troppa importanza a questi problemi. Non sono d'accordo. Conosco i rischi che corro facendo il mestiere che faccio e non credo di dover fare un regalo alla mafia offrendomi come facile bersaglio.

Noi del pool antimafia abbiamo vissuto come forzati: sveglia all'alba per studiare i dossier prima di andare in tribunale, ritorno a casa a tarda sera. Nel 1985 io e Paolo Borsellino siamo andati in «vacanza» in una prigione, all'Asinara, in Sardegna per stendere il provvedimento conclusivo dell'istruttoria del maxiprocesso.

Non rimpiango niente, anche se a volte percepisco nei miei colleghi un comprensibile desiderio di tornare alla normalità: meno scorte, meno protezione, meno rigore negli spostamenti. E allora mi sorprendo ad aver paura delle conseguenze di un simile atteggiamento: normalità significa meno indagini, meno incisività, meno risultati. E temo che la magistratura torni alla vecchia routine: i mafiosi che fanno il loro mestiere da un lato, i magistrati che fanno più o meno bene il loro dall'altro, e alla resa dei conti, palpabile, l'inefficienza dello Stato. Sarebbe insopportabile risentire nel corso di un interrogatorio l'ironia e l'arroganza mafiosa di una volta!

Professionalità nella lotta alla mafia significa anche avere la consapevolezza che le indagini non possono essere monopolio di un'unica persona, ma frutto di un lavoro di gruppo. L'eccesso di personalizzazione è il pericolo maggiore delle forze antimafia, dopo la sottovalutazione dei rischi. Penso al generale Dalla Chiesa. Era solo. Non ha avuto il tempo né alcuno lo ha aiutato a prendere pienamente coscienza della potenza militare raggiunta dalla mafia.

Nel febbraio 1982 un avvocato venne nel mio ufficio per chiedermi, a nome del generale, l'ordinanza di rinvio a giudizio del procedimento contro Spatola ed altri atti. Capii allora che pensava di venire a Palermo. In seguito non manifestò mai il desiderio di incontrarmi, né di incontrare nessun altro magistrato dell'ufficio istruttorio. Giunse a Palermo il 30 aprile; passarono maggio, giugno e luglio — nel frattempo si era sposato —, arrivò l'agosto con le vacanze; il 3 settembre venne assassinato. Non ha avuto il tempo di sopperire alle carenze della macchina investigativa. Tutta la sua attività, tra cui la famosa intervista a Giorgio Bocca su «Repubblica», si riassume nella spasmodica richiesta di maggiori mezzi per combattere seriamente la mafia.

Volle anche che il «rapporto dei 162», redatto dal commissario Ninni Cassarà— secondo quanto questi mi disse —, fosse trasmesso alla procura della Repubblica il 13 luglio 1982, anniversario del processo dei 114, iniziato col rapporto dei carabinieri del 13 luglio 1974, cui Dalla Chiesa aveva contribuito in maniera significativa. A parte qualche giro in provincia e qualche visita a scuole e licei, la sua attività non era ancora entrata nel vivo.

Perché allora è stato ucciso? Perché rappresentava comunque un pericolo troppo grosso. Non ancora ovviamente per l'originalità e la quantità delle informazioni in suo possesso, ma per l'impronta estremamente personalizzata e impegnativa che era stata data alla sua nomina a prefetto di Palermo. Se si pensa che una delle motociclette utilizzate per il suo assassinio era stata rubata nel giugno 1982 e che il mezzo, dopo il furto, aveva percorso solo pochi chilometri (in pratica la distanza necessaria per effettuare i controlli e verificare i percorsi seguiti dal generale), si comprende che la decisione di eliminarlo era stata presa molto rapidamente rispetto alla sua nomina.

Dalla Chiesa era pericoloso perché aveva investito tutto il suo impegno e la sua grande professionalità nella nuova carica e doveva quindi a ogni costo ottenere risultati significativi. Si può immaginare la preoccupazione di Cosa Nostra, cui certamente non era sfuggito con quale decisione il generale aveva combattuto l'avversario nella lotta al terrorismo e la determinazione con cui aveva riaffermato l'autorità dello Stato.

Al momento dell'arrivo di Dalla Chiesa a Palermo, i giornali avevano esaltato le sue capacità professionali, il suo coraggio, la sua disinvoltura. Poi ci fu chi si stupì che fosse stato assassinato durante uno spostamento mentre era praticamente senza scorta, a dispetto dell'importanza della carica di cui era investito. È quanto è stato rimproverato anche ad Antonio Scopelliti, il magistrato ucciso il 9 agosto 1991 durante le vacanze in Calabria, anche lui senza scorta. L'accusa di mancanza di prudenza è classica per un omicidio eccellente.

Da tutto questo bisogna trarre una lezione. Chi rappresenta l'autorità dello Stato in territorio nemico, ha il dovere di essere invulnerabile. Almeno nei limiti della prevedibilità e della fattibilità.

Sono altresì convinto che per conseguire risultati significativi, bisogna elaborare strategie unitarie da affidare a centri decisionali coordinati a livello di polizia e di magistratura. Esiste indubbiamente, di fronte a un pubblico ministero più coordinato, il problema del suo assoggettamento al potere politico. Ma personalmente credo che attraverso questa via si accresca la professionalità del pubblico ministero, il che

161

costituisce la migliore garanzia per il mantenimento dell'indipendenza della magistratura.

Facciamo un esempio: se si vuole impostare un'indagine di ampio respiro sui nuovi affari della mafia, onde contrastare l'invasione della cocaina in Europa, o al fine di individuare i canali del riciclaggio (indagine che investe la competenza di più procure della Repubblica), è estremamente difficoltoso farlo perché manca un centro coordinato di decisione e di investigazione e tutto è lasciato allo spontaneismo degli operatori. Immaginiamo uno scenario del genere: la Dea, l'agenzia antidroga americana, informa l'Italia che un carico di droga è in arrivo a Milano a bordo di un Tir che transiterà dal Brennero, attraverserà Bolzano per raggiungere poi, dopo varie tappe, gli Stati Uniti. La Dea ci informa affinché il viaggio non venga interrotto, in modo da poter arrestare all'arrivo i trafficanti americani, lasciando a noi quelli italiani. Tutto bene. Se però il procuratore della Repubblica di Bolzano decide di fermare il Tir, nessuno può impedirglielo. E se anche altri procuratori pensano di aver diritto a dire la loro, dove finirà la droga? Si riuscirà a farla imbarcare per gli Stati Uniti? Quante richieste di non sequestrare la droga occorre inoltrare, e a chi? E se un procuratore dice sì e l'altro no? Casi come questi dimostrano la necessità di un ufficio di procura coordinato che decide gli interventi necessari; ciò renderebbe di gran lunga più incisiva l'azione dell'ufficio.

Un coordinamento fortemente centralizzato non può essere però affidato a un pubblico ministero totalmente separato dagli altri poteri dello Stato. Bisognerà immaginare la forma di raccordo più adeguata. Un grande giurista ed un grande uomo politico della nostra Costituente, Piero Calamandrei, si era dichiarato favorevole all'istituzione di un procuratore generale della Corte di Cassazione che partecipasse alle sedute del Consiglio dei ministri a titolo consultivo per gli affari riguardanti la giustizia. Altri hanno pensato a direttive impartite al pubblico ministero dal Parlamento.

Sia ben chiaro, non auspico affatto un pubblico ministero sotto il controllo dell'esecutivo. L'ufficio di procura deve conservare e rafforzare la propria autonomia e indipendenza, ma deve agire in maniera efficiente ad essere realmente responsabile della sua attività, e a tal fine un intervento legislativo si impone.

Una struttura a responsabilità collettiva limiterebbe fra l'altro i rischi di sovraesposizione. L'iperattivismo, l'iperpersonalizzazione, oggi molto diffusi tra i funzionari di polizia e i magistrati, rendono vulnerabili e creano dei bersagli ideali per la mafia e per lo Stato. Anche lo Stato, infatti, in certi casi cede alla tentazione di liberarsi del singolo inquirente scomodo rimuovendolo o destinandolo ad altra sede.

È un difetto tipicamente latino, quello della personalizzazione. A Palermo c'è chi mi saluta con un «dottor Giovanni», dove il «dottore» è espressione di rispetto, mentre il «Giovanni» aggiunge un tocco di confidenzialità.

Il coordinamento investigativo contribuisce inoltre a migliorare la professionalità del pubblico ministero e la sua specializzazione; a realizzare la concentrazione degli sforzi su obiettivi certi e raggiungibili a detrimento di altri, ritenuti secondari; a favorire la elaborazione di strategie di intervento coordinate e centralizzate; a sollecitare la responsabilità (ovviamente, non politica) del pubblico ministero per i risultati del suo intervento.

Col nuovo Codice di procedura penale, il pubblico ministero può essere soltanto «parte» ed è quindi connaturale al suo ruolo il coordinamento delle indagini e la raccolta degli elementi a sostegno dell'accusa con la collaborazione della polizia giudiziaria. Egli deve quindi adattarsi al suo nuovo ruolo di «non giudice» e trasformarsi in una sorta di avvocato della polizia.

Sarà difficile, ma bisognerà arrivarci.

La magistratura ha sempre rivendicato la propria indipendenza, lasciandosi in realtà troppo spesso irretire surrettiziamente dalle lusinghe del potere politico. Sotto la maschera di un'autonomia formale, il potere ci ha fatto dimenticare la mancanza di autonomia reale. Abbiamo sostenuto con passione la tesi del pubblico ministero indipendente dall'esecutivo, accorgendoci troppo tardi che, per un pubblico ministero privo dei mezzi e delle capacità per un'azione incisiva, autonomia e indipendenza effettive sono un miraggio. O un privilegio di casta.

Un giovane pubblico ministero di una città del Nord, che cosa può fare di fronte al sequestro del figlio di una ricca famiglia, con tutta la sua indipendenza e autonomia, non avendo alcuna esperienza? Non potrà che affidare interamente a polizia e carabinieri l'avvio e il coordinamento delle indagini.

L'organizzazione attuale degli uffici giudiziari, dunque, non facilita l'opera dei magistrati inquirenti, i quali peraltro sono costretti a misurarsi con un'organizzazione mafiosa da tempo saldamente inserita nelle strutture di potere.

So bene di non dire nulla di nuovo. Già nella relazione di maggioranza della Commissione Antimafia presieduta dall'onorevole Cattanei (31 marzo 1972) si affermava senza mezzi termini: «In Sicilia il sistema politico di questo dopoguerra non è stato capace di garantirsi, di difendersi dalla mafia, che esisteva prima che nascessero gli attuali partiti politici, che non è stata inventata da essi, sia ben chiaro, ma che ha però finito per condizionarli, prima, per inquinarli poi». Non può destare quindi meraviglia la scoperta di uomini politici che accettano di venire discretamente a patti con Cosa Nostra, dal momento che il controllo del territorio, tipico del metodo di governo mafioso, significa anche condizionamento del potere politico; con tutte le conseguenze elettorali immaginabili. La mafia — è un fatto notorio — controlla gran parte dei voti in Sicilia. Il pentito Francesco Marino Mánnoia ha parlato di decine di migliaia di voti «sotto influenza» nella sola Palermo. E le elezioni politiche del 1987 hanno peraltro messo in luce massicci spostamenti di voti nei seggi elettorali più significativi.

La mafia tuttavia non si impegna volentieri nell'attività politica. I problemi politici non la interessano più di tanto finché non si sente direttamente minacciata nel suo potere o nelle sue fonti di guadagno. Le basta fare eleggere amministratori e politici «amici» e a volte addirittura dei membri dell'organizzazione. E ciò sia per orientare il flusso della spesa pubblica, sia perché vengano votate leggi idonee a favorire le sue opportunità di guadagno e ne vengano invece bocciate altre che potrebbero esercitare ripercussioni nefaste sul suo giro d'affari. La presenza di amministrazioni comunali docili, poi, vale ad evitare un possibile freno alla sua espansione dovuta o al rifiuto di concessioni edilizie o a controlli troppo approfonditi degli appalti o dei subappalti.

Oltre che con questi condizionamenti di carattere generale, la mafia interviene per assicurarsi quei piccoli servizi di ordinario clientelismo elargiti dai politici, come racconta il pentito Antonino Calderone: «È sempre bene sapere chi sono i personaggi politici appoggiati da Cosa Nostra perché ci si può rivolgere a loro quando si ha bisogno di un favore. Per esempio, il boss di Riesi Giuseppe di Cristina, deluso dalla mancanza di aiuto concreto da parte della Democrazia cristiana per alleggerire le misure di sorveglianza di pubblica sicurezza, si è rivolto al repubblicano Aristide Gunnella. Di Cristina è stato poi anche assunto in un istituto regionale su proposta dello stesso Gunnella». C'è da meravigliarsi se il Partito repubblicano ha raccolto una «valanga di voti» alle elezioni di Riesi, per dirla con Calderone? (cfr. anche p. 172).

È evidente che è la mafia ad imporre le sue condizioni ai politici, e non viceversa. Essa infatti non prova, per definizione, alcuna sensibilità per un tipo di attività, quella politica, che è finalizzata alla cura di interessi generali. Ciò che importa a Cosa Nostra è la propria sopravvivenza e niente altro. Essa non ha mai pensato di prendere o di gestire il potere. Non è il suo mestiere.

A proposito del dirottamento di voti nella consultazione elettorale del 1987, Francesco Marino Mannoia ci ha detto: «È stato provocato da Cosa Nostra per lanciare un avvertimento alla Democrazia cristiana, responsabile di non aver saputo bloccare le inchieste antimafia dei magistrati di Palermo». I suffragi sottratti alla Democrazia cristiana non sono passati automaticamente ad un altro partito, ma sono confluiti verso quei partiti che avevano assunto una posizione fortemente critica nei confronti della magistratura: il Partito socialista e il Partito radicale.

Salvatore Greco, attualmente detenuto, è soprannominato ironicamente da Cosa Nostra « il Senatore » per la sua passione politica, il che la dice lunga sul distacco con cui la mafia guarda alle vicende politiche.

Questa presa di distanza dalla politica trova conferma nelle dichiarazioni che Francesco Marino Mannoia, secondo quanto si è appreso dalla stampa, avrebbe reso all'Fbi (Mannoia si trova attualmente sotto la protezione del governo americano). « Sì, Cosa Nostra ha ricevuto pressioni durante il rapimento di Aldo Moro perpetrato dalle Brigate rosse nel 1978. Che cosa le si chiedeva? Di mettersi in contatto coi terroristi per ottenere la liberazione dell'ostaggio. » La Cupola si riunì allora su richiesta di Stefano Bontate, il boss più vicino alla Democrazia cristiana, ma si spaccò immediatamente in due: gli amici di Bontate, favorevoli all'intercessione, e i « Corleonesi » con Pippo Calò, contro. Questi ultimi hanno finito per avere la meglio, in ossequio alla regola: « Gli affari politici sono cosa loro, non nostra ».

Non bisogna tuttavia credere che Cosa Nostra non sappia, in caso di bisogno, fare politica. L'ha fatta alla sua maniera, violenta e spiccia, assassinando gli uomini che le davano fastidio, come Piersanti Mattarella, presidente della Regione Siciliana, e democristiano, nel 1980; Pio La Torre, deputato comunista, principale autore della legge che porta il suo nome, nel 1982; e Michele Reina, segretario provinciale della Democrazia cristiana nel 1979. Questi crimini eccellenti, su cui finora non si è riusciti a fare interamente luce, hanno alimentato l'idea del «terzo livello», intendendosi con ciò che al di sopra di Cosa Nostra esisterebbe una rete, ove si anniderebbero i veri responsabili degli omicidi, una sorta di supercomitato, costituito da uomini politici, da massoni, da banchieri, da alti burocrati dello Stato, da capitani di industria, che impartirebbe ordini alla Cupola.

Questa suggestiva ipotesi che vede una struttura come Cosa Nostra agli ordini di un centro direzionale sottratto al suo controllo è del tutto irreale e rivela una profonda ignoranza dei rapporti tra mafia e politica. L'idea del terzo livello prende le mosse, distorcendone il significato, da una relazione svolta da me e dal collega Giuliano Turone ad un seminario del 1982 a Castelgandolfo. Insieme avevamo redatto un rapporto sulle tecniche di indagine in materia di delitti mafiosi. Avevamo sottolineato che la mafia non è un'organizzazione che commette delitti suo malgrado, ma un sodalizio avente come finalità precipua il delitto; per esigenze sistematiche avevamo distinto i delitti «eventuali», come li avevamo definiti, da altri «essenziali». In altre parole, i reati come contrabbando, estorsioni, sequestri di persona, cioè i delitti per cui si è costituita l'organizzazione mafiosa, li avevamo classificati di «primo livello».

Al «secondo livello» avevamo classificato i reati che, non costituendo la ragion d'essere di Cosa Nostra, ne sono tuttavia l'indiretta conseguenza: per esempio, l'omicidio di un uomo d'onore che si è macchiato di uno sgarro nei confronti dell'organizzazione. Restavano i reati non classificabili né come essenziali o strutturali (di primo livello), né come eventuali (di secondo livello), ma che venivano perpetrati in un dato momento per garantire la sopravvivenza dell'organizzazione: l'omicidio di un prefetto, di un commissario di polizia, di un magistrato particolarmente impegnato. Ecco quindi il delitto di «terzo livello».

Attraverso un percorso misterioso, per non so quale rozzezza intellettuale, il nostro terzo livello è diventato il «grande vecchio», il «burattinaio», che, dall'alto della sfera politica, tira le fila della mafia. Non esiste ombra di prova o di indizio che suffraghi l'ipotesi di un vertice segreto che si serve della mafia, trasformata in semplice braccio armato di trame politiche. La realtà è più semplice e più complessa nello stesso tempo. Si fosse trattato di tali personaggi fantomatici, di una *Spectre* all'italiana, li avremmo già messi fuori combattimento: dopotutto, bastava un James Bond.

Ciò non toglie che sia legittimo e doveroso chiedersi come mai non siamo ancora riusciti a scoprire i mandanti degli omicidi politici. A parziale discolpa, potremmo dire che non abbiamo ancora scoperto neanche molti autori di delitti non politici. Ma sarebbe una giustificazione meschina. In realtà, trovo utopico pensare di risolvere i delitti del «terzo livello» se prima non sono stati risolti quelli dei livelli precedenti. Considero poi che la ricchezza crescente di Cosa Nostra le dà un potere accresciuto, che l'organizzazione cerca di usare per bloccare le indagini. Mi sembra infine che le connessioni fra una politica «affarista» e una criminalità mafiosa sempre più implicata nell'economia, rendono ancora più inestricabili le indagini. Con questo risultato finale: lo sviluppo di un sistema di potere che si fonda e si alimenta in Sicilia sulle connivenze e sulle complicità mafiose e che costituisce un ostacolo in più per delle indagini serene ed efficienti.

Credo che Cosa Nostra sia coinvolta in tutti gli avvenimenti importanti della vita siciliana, a cominciare dallo sbarco alleato in Sicilia durante la seconda guerra mondiale e dalla nomina di sindaci mafiosi dopo la Liberazione. Non pretendo di avventurarmi in analisi politiche, ma non mi si vorrà far credere che alcuni gruppi politici non si siano alleati a Cosa Nostra — per un'evidente convergenza di interessi — nel tentativo di condizionare la nostra democrazia, ancora immatura, eliminando personaggi scomodi per entrambi.

Parlando di mafia con uomini politici siciliani, mi sono più volte meravigliato della loro ignoranza in materia. Alcuni forse erano in malafede, ma in ogni caso nessuno aveva ben chiaro che certe dichiarazioni apparentemente innocue, certi comportamenti, che nel resto d'Italia fanno parte del gioco politico normale, in Sicilia acquistano una valenza specifica. Niente è ritenuto innocente in Sicilia, né far visita al direttore di una banca per chiedere un prestito perfettamente legittimo, né un alterco tra deputati né un contrasto ideologico all'interno di un partito. Accade quindi che alcuni politici a un certo momento si trovino isolati nel loro stesso contesto. Essi allora diventano vulnerabili e si trasformano inconsapevolmente in vittime potenziali. Al di là delle specifiche cause della loro eliminazione, credo sia incontestabile che Mattarella, Reina, La Torre erano rimasti isolati a causa delle battaglie politiche in cui erano impegnati. Il condizionamento dell'ambiente siciliano, l'atmosfera globale hanno grande rilevanza nei delitti politici: certe dichiarazioni, certi comportamenti valgono a individuare la futura vittima senza che la stessa se ne renda nemmeno conto.

Si muore generalmente perché si è soli o perché si è entrati in un gioco troppo grande. Si muore spesso perché non si dispone delle necessarie alleanze, perché si è privi di sostegno.

In Sicilia la mafia colpisce i servitori dello Stato che lo Stato non è riuscito a proteggere.

NOTE ALLA SECONDA EDIZIONE

p. 29 - Don Stilo è stato assolto dal delitto di associazione di tipo mafioso per non aver commesso il fatto dalla Corte di Appello di Catanzaro con sentenza n. 855 del 31.5.1989.

p. 166 - L'on. Gunnella, in una lettera inviataci dopo la pubblicazione della prima edizione, ha smentito le dichiarazioni di Antonino Calderone, riferendo, in sostanza: di non aver avuto rapporti di alcun genere con Giuseppe di Cristina; di avere soltanto firmato la lettera di assunzione di quest'ultimo alla «Sochimisi» su delega del presidente dell'Ente; di non aver riportato alcun vantaggio, tanto meno elettorale, dall'assunzione del di Cristina.

INDICE DEI NOMI

INDICE GENERALE

Finito di stampare nel mese di giugno 1992
presso lo stabilimento Allestimenti Grafici Sud
Via Cancelliera 46, Ariccia RM

Printed in Italy